一看就入迷！

[illegible]神很有事

監修 佐藤俊之
繪師 山里將樹

瑞昇文化

從繪畫中發掘希臘神話

不論故事還是人物
都很多樣且有趣！

Didier Descouens@2019

阿波羅投擲的鐵餅
打中了雅辛托斯的頭部！

← 086 頁

喬凡尼・巴提斯塔・提也波洛
『雅辛托斯之死』
（1752－1753年左右，提森・波尼米薩美術館）

聚集在天界的
奧林帕斯眾神們

← 044 頁

拉斐爾『奧林帕斯十二神』
（1517－1518年左右，法爾內西納別墅）

目睹妻子偷腥現場的
赫菲斯托斯 ←078頁

亞歷山大・查爾斯・基爾莫
『被火神驚嚇的愛神與戰神』
（1872年，印第安納波利斯藝術博物館）

拖出看門犬克爾
柏洛斯的海克力斯 ←124頁

彼得・保羅・魯本斯
『海克力斯與克爾柏洛斯』
（1636－1637年，普拉多博物館）

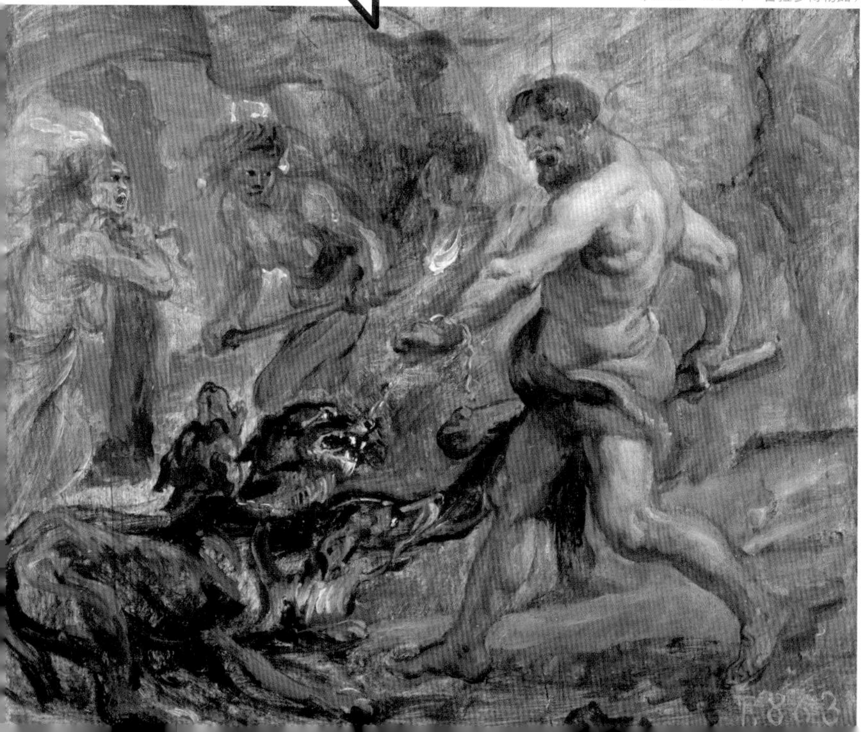

被珀爾修斯
砍下頭顱的梅杜莎 ←152頁

李奧納多・迪・達文西
『梅杜莎』
（1600年左右，烏菲茲美術館）

喬凡尼・多美尼克・提也波洛
『特洛伊木馬入城』
（1773年，英國倫敦國家美術館）

將木馬拉入城內的
特洛伊人 ←176頁

明明已經被告誡
不能打開……
←040頁

約翰・威廉・瓦特豪斯『潘朵拉』

（1896年，個人收藏）

奧林帕斯的眾神明
打倒了舊世代！
←022頁

科內利斯・凡・哈勒姆
『泰坦殞落』

（1588－1590年，丹麥國立美術館）

希臘眾神很有事

目次

EPISODE 3 英雄的故事

前言

希臘神話
就是這麼有趣！

希臘神話是什麼呢？雖然也有「希臘＝羅馬神話」的說法，不過這是因為古希臘人所信仰、傳承的神話，在羅馬人征服這片土地後，兩邊的神明經過同化後的關係。我們平時在談及希臘神話的時候，並不會刻意去意識到是在說希臘人神明的故事，還是羅馬人神明的故事。

宙斯和阿波羅這些神明的故事是在何時誕生的，其實並沒有正確的答案。就連被視為初期古典作品的荷馬敘事詩，我們在其中所看到的文章，其實都是自古以來在人與人之間講述傳承，然後被記錄下來的內容。

也就是說，希臘神話在被撰寫成現在傳承的作品之前，就在愛琴海周遭誕生了。從希臘人傳到羅馬人，接著在廣播到歐洲各國。

而且即便進入信奉唯一神的基督信仰時代，那些神明的故事也沒有因此消失，它們被記述在書本中，也成為繪畫和戲劇的題材，繼續流傳下去。

希臘神話就像這樣在包含日本在內的世界各地，變成諺語或研究的題材，也會被用於某些事物的名稱，繼續催生出新的故事。

在已成為遠古遺產的同時，那些神話故事即便在現今也依然以豐富的故事、繪畫、雕刻、音樂、人或物品的名稱等形式繼續存在——歷經數千年，在各式各樣的場域誕生的這些事物，或許全都能用「希臘神話」來稱呼它們吧。

閱讀這本書的各位，會不會對那些遠古諸神與英雄的故事懷抱憧憬與雀躍呢？對於展現出來的愛情、憤怒與悲傷等情緒，大家是不是能將他們視為身邊的友人，抱有共感的心情呢？不論你們的答案是什麼，屆時不管是這本作品，還是正在閱讀本書的各位，都已經徹底進入神話的世界了。

佐藤俊之

EPISODE 1

世界的起源

希臘神話是從「世界初始的故事」展開的。那麼這段神話是如何開始，眾多神明又是怎麼誕生的呢？

大地之神蓋亞與天空之神烏拉諾斯

大地、地獄、愛，從虛無中誕生

既是神明也是某種存在

在希臘神話中，世界的初始僅是一片卡歐斯。這裡所謂的卡歐斯，一般會翻譯成「混沌」，意指「虛無（什麼都沒有的空間）」。從卡歐斯之中，誕生了蓋亞（大地）、塔耳塔羅斯（地獄）、厄洛斯（愛）等3位神明。這3位除了是神明之外，也是等同於大地、地獄以及愛的存在。

順帶一提，厄洛斯也被認為是之後的戰神阿瑞斯和愛之女神阿芙蘿黛蒂的孩子。然而，祂實際上是在最早的階段就已經誕生的偉大原初之神。

在那之後，蓋亞獨自產下了烏拉諾斯（天）、澎濤士（海）和眾多高山。

母親～大人
飄然而下
是烏拉諾斯啊～
可喜可賀，兩人
成婚了！
一同生出了泰坦神族和兩組怪物

泰坦十二神

因為厄洛斯愛神能力的關係，蓋亞與兒子烏拉諾斯結合，孕育了12位神明。

歐開諾斯、克利俄斯、許珀里翁、伊阿珀托斯、忒亞、雷亞、泰美斯、謨涅摩敘涅、佛碧、特提斯、克洛諾斯這12個神明，被稱作「泰坦十二神」，在那之後奪走烏拉諾斯王位的克洛諾斯，是其中最小的孩子。

而這些世界最初的神明，就被喚作泰坦神族。此外，蓋亞和烏拉諾斯還生下了3個獨眼巨人賽克洛普斯，以及3個擁有50顆頭和100條手臂、人稱百臂巨人的赫卡同克瑞斯。

漫畫2 執掌黑暗與夜晚的神明

倪克斯與厄瑞玻斯

從卡歐斯之中
Chaos
又誕生了2位神明
我是黑暗之神厄瑞玻斯
ゴゴ
ゴゴ
我是夜之女神倪克斯
ヒュ
你們很登對呢
在厄洛斯的促成下，兩人結婚了
懷孕了
生下了3個孩子

兄妹神的婚姻繁衍出許多的神

從卡歐斯誕生了黑暗與夜晚

諸神開始誕生的世界初期，相傳從卡歐斯之中誕生了厄瑞玻斯（黑暗）這位男神和被稱為倪克斯（夜晚）的女神。這兩位神祇也和其他初期的神明一樣，等同於黑暗以及夜晚。

厄瑞玻斯和倪克斯是兄妹，結合後又孕育出3位神明。分別是埃忒耳（天上的空氣）、赫墨拉（白晝）以及卡隆。

埃忒耳和赫墨拉在之後的希臘神話就幾乎沒有登場了。但是，守在冥府之河斯堤克斯（憎惡）及阿克隆（悲嘆）的擺渡人卡隆，還有在英雄海克力斯與吟遊詩人奧菲斯的故事裡出現。

死亡、復仇、爭鬥的降生

倪克斯獨自生出了許多的神明。只不過，裡面大多是不吉利的神祇。

首先，是和死亡有著極深關係的桑納托斯、克蕾絲、摩羅斯這3位神。接著出生的是許普諾斯（睡眠）與奧涅伊洛斯（夢）。之後摩墨斯（譴責）、俄匊斯（憂慮）、涅墨西斯（復仇）、阿帕忒（欺瞞）、菲羅忒斯（愛慾）、革剌斯（高齡）、厄莉絲（爭鬥）也接著被生下來。

而這幾位神祇，也成為了日後人類煩惱的來源，特別是被稱為「災厄之母」為人類帶來苦難的厄莉絲女神。

之後厄莉絲也在諸神之間掀起波瀾，也是導致特洛伊戰爭爆發的遠因。

烏拉諾斯與克洛諾斯

然而烏拉諾斯對生下來的2組怪物心生厭惡
獨眼巨人×3
百臂巨人×3
嗨，老爸！
烏拉諾斯
讓人不舒服。
關進塔耳塔羅斯伯父那裡吧
おい…
ポーイ
あーれー
大地的裂口
太過分了，竟然對我的孩子
火冒三丈
做出這樣的事！
我的孩子們啊
好好教訓一下烏拉諾斯
咦…
泰坦神族的十二神

克洛諾斯斬斷父親的陰莖，奪得王位

●妻子對孩子下達了殺夫令

因為和蓋亞成婚後孕育了許多的神明，烏拉諾斯也因此成為眾神之王。擁有幾乎如同宇宙般巨大身體的烏拉諾斯，也以諸神的父親身分，君臨這個世界。

然而，因為和蓋亞生下的獨眼巨人賽克洛普斯與百臂巨人赫卡同克瑞斯太過醜陋的關係，心生嫌惡的烏拉諾斯將他們關入塔耳塔羅斯。但這也成為烏拉諾斯從寶座上被趕下來的原因。

對蓋亞來說，不管是其他的神明還是這兩組巨人，都是自己疼愛的孩子。蓋亞怨恨把自己心愛的孩子丟進地獄深淵的烏拉諾斯，於是便用名為「adamas」的魔法金屬打造了一把大鐮刀，然後命令自己

母親大人
伊阿珀托斯
請您冷靜點
即使是母親的請求，但對方可是我們的父親啊
我！讓我來做吧！
最年輕的農耕神克洛諾斯
喂！
察言觀色啊
很好，克洛諾斯
好
你就躲在寢室裡吧
烏拉諾斯接近我的時候，用這把鐮刀…
好的！
殺意
當天晚上
呵呵，老婆今天也很美呢
克洛諾斯，趁現在！
嘿～呀
呀～
滾落
竟然砍這裡？
克洛諾斯揮鐮斬斷了烏拉諾斯的陰莖

的孩子用這把武器處置烏拉諾斯。

以母親打造的武器打倒父親

接下母親指令的，是諸神中最小的孩子，也就是農耕之神克洛諾斯。克洛諾斯在父親烏拉諾斯從天上降臨、準備和蓋亞交歡時，以大鐮刀斬斷了父親的陰莖。

就這樣，烏拉諾斯從諸神之王的寶座上跌落。打倒父親的克洛諾斯，也因而成為了第2代的王者，成為率領泰坦神族的領導者。

順帶一提，從烏拉諾斯的傷口所流出的血液裡，孕育了復仇女神厄里倪厄斯以及巨人族。

除此之外，相傳那截被切斷的陰莖掉入海中，在其周圍浮現的泡沫中，又誕生了愛與美的女神阿芙蘿黛蒂。

漫畫④ 差點就要被父親給吃下肚了

宙斯的誕生

因為打倒父親烏拉諾斯，克洛諾斯成為了眾神之王，祂和姊姊雷亞結婚，如今第一個孩子就要出世了
加油
要生了！！
レア
但是克洛諾斯卻煩惱了起來…
你也會跟你父親一樣，被自己的孩子打敗、趕下王座吧
蓋亞
咦！
我才不要落得那番下場…
あー！
滾落
老公，我生了…
我、我的孩子…
吞下
窩朵孩祖
你幹嘛！
畏懼預言的克洛諾斯，竟然把剛出生的孩子給吞下去了

擊敗父親的克洛諾斯，也忌憚自己的孩子宙斯

●趕走父親的克洛諾斯也…

將父親烏拉諾斯趕下王座後，君臨眾神頂點的克洛諾斯和自己的姊姊雷亞成婚了。但是，祂也從蓋亞那邊得到了「你也會和你父親一樣，被自己的孩子奪走王座吧」這樣的預言。

於是克洛諾斯在雷亞每產下一個孩子後，就會立刻從妻子身邊奪走孩子，然後活生生地將祂們吃進肚子裡。

就這樣，爐灶女神赫斯提亞、大地與豐饒的女神狄密特、婚姻與生產的女神赫拉、冥府之神黑帝斯、海神波賽頓等神祇，都在剛出生不久後即被父親給吞進肚子裡面了。

雷亞也因此對丈夫萌生不滿，

接連5個孩子都被吃了，到了第6個孩子（宙斯）即將出生時，雷亞忍不住了。
我得想辦法救救這孩子！
在蓋亞的指引下
雷亞來到克里特島生下了宙斯
祂用跟宙斯同樣大的石頭，加上羽毛偽裝成嬰兒
哇啊
哇啊
這樣做有辦法瞞過祂嗎⋯
大口吞下
喔，這孩子也挺好吃的
還好祂夠蠢
宙斯就在這塊土地上被一群精靈寧芙養育
ドン
よしよーし
おぎゃー
為了不要讓宙斯的哭聲傳出去，年輕的精靈們持續不斷地用長槍敲擊著盾牌

於是祂便在懷上第6個孩子宙斯時，跑去向蓋亞求助。

拯救宙斯一命的祖母建言

蓋亞為雷亞指引了一條明路，就是找個地方偷偷把宙斯給生下來，之後再用個替代物偷天換日、讓克洛諾斯吞下去。

聽從蓋亞的建言，雷亞前往克里特島產下宙斯，接著用羽毛包覆石頭、偽裝成小嬰兒交給克洛諾斯。這時，克洛諾斯似乎對妻子絲毫沒有起疑。

另一方面，剛誕生不久的宙斯在蓋亞的幫助下，被藏進克里特島的岩山洞窟內。自己的孩子宙斯正在島上的精靈寧芙的照料之下，以山羊阿瑪爾忒婭的乳汁餵養長大，克洛諾斯對此仍然一無所知。宙斯就這樣從千鈞一髮之際存活下來。

宙斯與泰坦之戰①

宙斯健康地長大了
某一天，蓋亞這麼告訴宙斯
克洛諾斯把你的兄弟姊妹都吃了，幫幫祂們吧
咦！
可是我該怎麼做呢？
讓祂吞下這個催吐藥
智慧女神墨提斯
聽從墨提斯的建議，宙斯成功地讓克洛諾斯吞下了催吐藥
嘔！
藥
磅！
喔喔！
ドサッ
ドン
ドン
ドン
ゴン
代替宙斯被吞下的石頭
趴
噹

歷史重演！父與子的大對抗

● 幸免於難的宙斯拯救眾神

某一天，蓋亞前來和在克里特島上健康順利地長大成人的宙斯見面。

身為宙斯祖母的蓋亞囑咐宙斯「把你的兄弟姊妹們從父親的肚子裡救出來，然後打倒克洛諾斯吧」。為了這個行動，智慧女神墨提斯也將催吐藥交給宙斯。

於是，宙斯把催吐藥混在名為「Nektar」的神酒裡面，成功地讓克洛諾斯把藥給喝了下去。

開始感到身體不適的克洛諾斯，首先吐出了那塊當年被用來代替宙斯的石頭，接著以當時吃下孩子時的相反順序，接連將波賽頓、黑帝斯、赫拉、狄密特、赫斯提亞給吐了出來。

老弟，謝謝你呀！
波賽頓
黑帝斯
狄密特
赫斯提亞
幫了大忙
赫拉
各位
……
呼哈~
混帳
怒
不可原諒！泰坦神族的兄弟姐妹們，把宙斯一夥人都宰了！
好！我們也要團結起來戰鬥！
好
宙斯集結同一陣線的神明，展開了對抗泰坦神族的戰爭
ポカ
ポカ
ポカ
ポカ
這就是人們所謂的泰坦之戰

← 繼續

持續10年的泰坦之戰

被救出來的兄弟姊妹們以宙斯為首，聚集在奧林帕斯山，和俄特律斯山上由克洛諾斯率領的泰坦神族展開了戰爭。

就這樣，由奧林帕斯神族對決泰坦神族的「泰坦之戰」也正式爆發。

因為奧林帕斯神族和泰坦神族都擁有強大的力量，因此雙方激起的戰火也相當猛烈。

而且，因為雙方都宛如不死的存在，因此這場戰役不會那麼簡單就分出勝負，持續了10年之久。戰吼劇烈地震撼著大地，也讓天空都為之晃動。

這時對無法打倒克洛諾斯的宙斯伸出援手的，又是蓋亞。

宙斯與泰坦之戰②

彼此都不會死，勝負難分啊
鬍子長了
把賽克洛普斯和赫卡同克瑞斯找來就能贏了！
原來如此
烏拉諾斯爺爺把他們都關在塔耳塔羅斯對吧
宙斯等人趕緊把獨眼巨人賽克洛普斯和百臂巨人赫卡同克瑞斯救出來
好久沒出來了！
喔
走出
ズン
這是一點心意
賽克洛普斯將雷電送給宙斯
波賽頓獲得了三叉戟
至於黑帝斯則是拿到了隱形頭盔

蓋亞告訴宙斯：「我和烏拉諾斯生下了3個賽克洛普斯和3個赫卡同克瑞斯，但是他們的外貌卻讓父親感到厭惡，因此被關入塔耳塔羅斯。如果能讓他們加入陣營，就能在這場戰爭獲得勝利。」

宙斯聽從祖母的計策，將賽克洛普斯和赫卡同克瑞斯從塔耳塔羅斯給救了出來，並給予他們神明的食物和飲料，將他們納為自己的夥伴。3個賽克洛普斯為了表達謝意，便打造了武器獻上給宙斯。

他們送給宙斯的，是能夠摧毀一切的雷電。而波賽頓則是收到了能支配大海與大陸的三叉戟，至於黑帝斯則是獲得能讓自己隱身的頭盔。

在宙斯陣營做好一切的準備後，就動身迎向最後的戰役。

扔!
宙斯陣營展開了激烈的猛攻
ズバーン
呀
碰
宙斯的雷電和赫卡同克瑞斯的投石攻擊相當驚人!
啪滋
呀
咚
投降的泰坦神族被關進塔耳塔羅斯
歡迎各位
從此以後，宙斯就以諸神之王的身分
凜凜
威風
君臨了這個世界

泰坦神族節節敗退

在決戰的場域，波賽頓驅使三叉戟，讓大海跟大地都搖晃不止，黑帝斯藉著隱形頭盔的能力，悄悄接近泰坦神族，並奪走祂們的武器。

宙斯朝著泰坦神族持續放出雷電。其驚人的威力灼燒泰坦神族的雙眼，剝奪了祂們的視力。而赫卡同克瑞斯也接連不斷地投出巨大的石塊，讓對手陣營陷入了混亂狀態。

在宙斯陣營的猛烈攻擊之下，泰坦神族最終還是節節敗退。持續了10年之久的諸神戰爭，最終以奧林帕斯神族的大勝利畫下了句點。

此後，克洛諾斯為首的泰坦諸神大多都被封印在塔耳塔羅斯，而宙斯也成為了眾神的第3代王者。

神話的秘密①

希臘神話的舞台與世界觀

希臘神話裡的世界，是由諸神世界所在的天界、人類居住的大地、黑帝斯掌管的冥府這3層區域所構成。然而，神話實際上的舞台，其實幾乎都在大地。

以宙斯為頂點的奧林帕斯十二神實際所居住的地方，其實也不是天界，而是奧林帕斯山的山頂，這座山確實存在於希臘的色薩利。除此之外，現實中的希臘領內的一些土地和都市，也都成了神話的舞台。

大家最常看到的，就是雅典、底比斯、德爾菲、斯巴達這些古希臘的城邦（Polis）國家。

雅典，古名「Athênai」，是現今希臘共和國的首都。根據神話的記載，戰爭與智慧女神雅典娜和海神波賽頓曾競逐這塊土地，因為最後由雅典娜獲得勝利，所以才以女神之名修建了這座都市。

另外，從火與鍛造之神赫菲斯托斯沾到雅典娜腳上的精液所生出的厄里克托尼俄斯，相傳之後成為了雅典之王。人們在雅典修築了帕德嫩神殿，讓本地成為女神信仰的中心。

底比斯據說是由青銅的發現者卡德摩斯所建設的城市，也是海克力斯的出生地。而且，這裡同時也是伊底帕斯悲劇的發生地。古名「Thêbai」的底比斯，現今也是中希臘地方的一座大城。

德爾菲這裡擁有以降下神諭聞名的阿波羅為祭神的神諭所。像是海克力斯或伊底帕斯等各式各樣的希臘神話登場人物，每當他們遇上困難或被煩惱纏身時，就會造訪德爾菲，請示自己的下一步應該如何規劃。德爾菲這座城市，就位於中希臘地方的科林斯灣北方、帕那索斯山的山麓地帶。

特洛伊戰爭時，希臘陣營的副將是墨涅拉俄斯，他同時也是斯巴達王。城邦國家、古名「Spártā」的斯巴達位在伯羅奔尼撒半島的南部，現在該處也有名為斯巴達的城市。

除此之外，一些在現代希臘國土範圍外的土地，其實都曾是神話故事的舞台。真要說起來，古希臘的世界觀認為人類所生活的世界是一片圓盤狀的大陸，在其周圍流動的是名為歐開諾斯的海流。

這片圓盤狀大陸，分為希臘所在的

奧林帕斯山

奧林帕斯山是希臘最高的一座山，其中的最高峰就是照片中的「Mytikas」。這裡是能實際攀登上來的，但是接近山頂一帶有很多險峻的岩壁，所以登頂的難度相當高。

©Stolbovsky2019

「EUROPE」、位處東方的「ASIA」以及位在希臘對岸、中間夾著地中海的「LIBYA」等3個區域。

「EUROPE」就是現在的歐洲，「ASIA」是現今土耳其等地的小亞細亞，而「LIBYA」則是包含現今的利比亞在內的非洲大陸北側地域。這一大片寬廣的範圍，就是希臘神話展開的舞台。

在「ASIA」這個地方，有著在特洛伊戰爭中與希臘聯軍對抗的城邦國家特洛伊（Ilios）。至於「LIBYA」是從一個波賽頓妻子的名字衍生的地域名稱。非洲大陸的衣索比亞跟埃及等地，也都曾在神話中登場過。

位於現今希臘的神話登場之地

希臘共和國的資料

面積	13萬1957 km^2（約為日本的3分之1）
人口	1074萬人（約為日本的11分之1）
首都	雅典
主要產業	觀光業、海運業、礦業等
GDP	1908億歐圓（約為23兆日圓）
國歌	自由頌（長達158節的長曲）
國花	橄欖花
國鳥	縱紋腹小鴞

特洛伊的古代遺跡
土耳其
利姆諾斯島
愛琴海
以弗所
薩摩斯島
提洛島
米科諾斯島
奈克索斯島
羅德島
克里特海
克諾索斯
克里特島

現在的希臘共和國是在1974年成形的。在那之前，國家體制是君主制，而且在君主統治時期之前是處於鄂圖曼帝國的支配下。

保加利
北馬其頓
希臘
阿爾巴尼亞
▲奧林帕斯山
色薩利地方
伊奧尼亞海
▲帕那索斯山
德爾菲
底比斯
雅典
伊薩基島
凱法利尼亞島
科林斯
邁錫尼
阿爾戈斯
奧林匹亞
巴賽
斯巴達

地圖的閱讀法

在古希臘，像是雅典、底比斯等地都會出現名稱有些微差異的情況。此外，現在的土耳其、人稱「小亞細亞」的愛琴海沿岸地區，在古時候也歸屬於希臘的文化圈。而且希臘人也曾在現今的義大利南部、西西里島、南法等處建設殖民地。

與其他神話的共通點❶

墜入冥府與步入黃泉

希臘和日本相距遙遠，但是，這兩個國家的神話卻存在著讓人驚訝的共通點。

其中最相似的，就是「前往冥府的奧菲斯」（142頁）和在『古事記』等作品中都有記載的「前往黃泉的伊奘諾尊」吧。前者是奧菲斯為了帶回死去的妻子而進入冥府的故事；後者是伊奘諾尊希望讓愛妻伊奘冉尊復活而前往地底的黃泉之國的故事。

而且，這兩位丈夫都打破了「不能看妻子樣貌」的戒律，導致功敗垂成的這一點也非常相近。

除此之外，在「前往黃泉的伊奘諾尊」的故事中，有個「若是吃下用黃泉之國的火所烹煮的食物後就無法再回到人間」的橋段。希臘神話中，波瑟芬妮被黑帝斯帶往冥府的神話裡也出現了相同的記述。

有說法認為，之所以會出現如此之高的相似度，是因為希臘神話在很遙遠的古時候，經過中亞一路流傳到日本來。

島根縣松江市有個名為「黃泉比良坂」的場所。為了見妻子伊奘冉尊而來到黃泉之國的伊奘諾尊，在看到妻子那慘烈的姿態後極為震驚，之後便逃至此處。

EPISODE 2

諸神的傳說

烏拉諾斯被克洛諾斯扳倒，而克洛諾斯之後又被宙斯給打敗。這群以宙斯為中心、擁有豐富個性的眾神明們，編織出希臘的神話故事。

用抽籤決定負責的區域

宙斯陣營在泰坦之戰中獲得了勝利
某一天，宙斯、波賽頓、黑帝斯在奧林帕斯山聚會
我們打贏了呢
接下來要統治世界了
喔喔辦到了！
不過老弟啊，我們該怎麼治理天下呢？
齊心協力就能做到吧…
可是世界很寬廣的喔，除了天界這裡
還有海洋
然後是那個陰暗的冥府
如果不好好規劃就會秩序大亂的
嗯嗯嗯…

由3位神分區統治世界

●天空、大海、還是冥府？

奧林帕斯諸神贏得了泰坦之戰的勝利。位處其中核心的，就是宙斯、波賽頓、黑帝斯3兄弟。這3位神分別統治天界、海洋、冥府。

只不過，該如何決定負責的區域卻遲遲未有結果。當然，3兄弟都想要成為耀眼發光的天界支配者，對陰暗的冥府相當排斥。

如果以出生順序來看，應該要是大哥黑帝斯去天界、二哥波賽頓去大海、小弟宙斯則是要去冥府。

但是被克洛諾斯吞下的兄弟姊妹，是得到了宙斯的幫助才能逃脫。而黑帝斯是最後一個被吐出來的，因此兄弟姊妹的排序出現了大逆轉。而且在泰坦之戰中，宙斯的功勞是最突出的。

這樣的話，我們3個人各自分擔如何？
好辦法!!
等一下，這該怎麼決定？
無論如何，我絕對不去冥府那邊喔!!
黑帝斯 你太天真了！男人就是要用拳頭交心啊!!
就用雙拳來決定自己的道路吧！
老哥 你太吵了
總之我準備籤了，就用抽的來決定吧
要用這種方式喔
籤運超級差
我就知道…
冥府
就這樣，宙斯支配天界、波賽頓管理海洋、黑帝斯則是負責冥府

因為這些原因，祂們決定用抽籤來決定負責的區域。

抽到壞籤的黑帝斯

根據抽籤的結果，宙斯獲得天界、波賽頓拿到海洋、黑帝斯則是分到冥府的支配權利。姑且不論長兄的身分，黑帝斯的籤運可不是普通差。

壞運連連的黑帝斯，在成為冥府之王後，個性也變得更加陰沉了。

順帶一提，所謂的冥府，是人類在死後的前往的地方，也就是人稱的「另一個世界」。在希臘神話中，冥府是位在地底下的位置。

宙斯與巨人的戰爭

為了打倒強敵 就得仰賴人類的力量

大戰的烽火再次燃起

因為打倒了克洛諾斯等泰坦神族，以宙斯為頂點的世界統治體制就此完成。然而，在此之前屢屢協助宙斯的女神蓋亞，卻成為了祂們的新敵人。

蓋亞原本只希望懲戒一下太過囂張的克洛諾斯陣營，但宙斯卻把祂們都給封印進塔耳塔羅斯，過火的手段被認為是紛爭的起因。

而且，能夠說動克洛諾斯放逐烏拉諾斯，而之後又讓宙斯起兵擊敗克洛諾斯，光從這些層面來看，這次成為宙斯敵人的女神蓋亞可說是相當棘手的存在。

蓋亞命令從烏拉諾斯陽具中誕生的巨人們發起對宙斯陣營的征伐。自此展開的就是所謂的「巨人

戰事開啟了（巨人之戰）
這次的戰局也陷入了膠著狀態
奇怪了，巨人並非不死之身啊
宙斯，有個奇怪的傳聞在流傳呢
奇怪的傳聞？
說什麼「蓋亞的孩子會被人類消滅」，感覺就是個笑話
也就是說，只要打造出強悍的人類就好囉？
於是宙斯與人類女性結合，生下了海克力斯
阿爾克墨涅
長大後的海克力斯接連打倒了巨人，獲得了勝利

之戰」。

怪力英雄海克力斯的活躍

這些腰部以下宛如龍蛇般的巨人，其實有著「無法被神明殺死，唯有人類可以打敗」的特性。也因為如此，宙斯陣營雖然沒有落敗，但也陷入無法戰勝巨人的僵局。

就在這時，宙斯和人類女性阿爾克墨涅結合，生下了英雄海克力斯。之後，海克力斯便以其驚人的力量接連擊敗巨人，就連最強的巨人阿爾庫俄紐斯也死在他的手下。

就這樣，海克力斯除盡了巨人，這場巨人之戰，最後以諸神的大勝利畫下了休止符。

宙斯VS堤豐

與最大、最強的敵人展開死鬥

一度落敗的宙斯獲得幫助而贏得勝利

●與堤豐的戰鬥

雖然巨人之戰在宙斯陣營的壓倒性勝利下結束了，但女神蓋亞依然沒有放棄。為了打倒奧林帕斯眾神，祂和塔耳塔羅斯結合，生出了堤豐。

堤豐是個上半身雖然是人形，但下半身卻是巨大蜷曲毒蛇身的異形怪物。相傳他的身軀巨大，頭部幾乎可以碰觸到天上的星星。

而且，據說他還有著一雙如火炬般閃閃發光的眼睛，嘴裡吐著火焰、發出的聲音能撼動連綿的山脈。簡直可以說是希臘神話中最巨大、最強悍的怪物。

當堤豐襲擊的時候，許多神明都驚慌得四處逃竄。唯有宙斯驅使雷電、揮動著「adamas」製成的

ギャーッ
宙斯露出瞬間的破綻，就被堤豐抓了。雙手雙腳的肌腱也被切斷
最後被關進了一間岩石屋
大勢已去
就在此時，傳令之神荷米斯帶著被切斷的肌腱來救援了
おお！
宙斯大人！
宙斯展開了反擊
ズドーン
在堤豐的力量被宙斯雷電削弱的時候，宙斯將整座埃特納火山扔向堤豐
おりゃー
ズズーン
勝負已定
呀
但是，據說堤豐依然活著，有時還會從山頂處噴出火焰

鐮刀勇敢地上前迎戰。

只不過，祂一度落敗，被堤豐給捕獲，還被斷去手腳的肌腱。之後在傳令之神荷米斯的協助下，宙斯重拾雷電，再次起身對抗怪物。

●不是勝利，而是無常

漫畫中省略了這一段，被一路驅趕的堤豐威脅命運三女神交出能實現任何願望的「勝利果實」。可是，吞下果實的堤豐卻意外失去了力量。原來女神給他的是無法讓願望達成的「無常果實」。

力量被大幅削弱的堤豐，最後被宙斯鎮在埃特納火山底下。這個恐怖的怪物終於被擊敗了。

支撐天空的亞特拉斯

亞特拉斯是泰坦神族的一員，
伊阿珀托斯的長男
伊阿珀托斯
亞特拉斯
祂是在泰坦之戰中讓宙斯等神明
吃盡苦頭的難纏對手
嗚喔！
即便如此，亞特拉斯最後還是被宙斯陣營抓了
要殺要剮
都隨便
你們啦！

倖存下來的強敵被宙斯懲罰

● 沒有被封印的泰坦神族

泰坦之戰落幕後，許多泰坦神族都被關進了塔耳塔羅斯。然而，並不是所有的泰坦神族都落得被封印的下場。亞特拉斯就是其中的一個。

擁有龐大身軀的亞特拉斯，在泰坦之戰的過程中也是一個讓奧林帕斯諸神相當頭痛的敵人。因此，在戰事結束之後，宙斯也單獨對祂降下了非常特別的懲罰。

那個懲罰，就是亞特拉斯必須到世界西方的盡頭去背起整個天空。因為亞特拉斯也是不死之身，所以這項懲戒所帶來的痛苦會永無止盡地持續下去。

為了從這種痛苦中解脫，亞特拉斯甚至還在接下來的這段神話

該怎麼處置祂？
這個嘛～
有了！
亞特拉斯啊，你就到西方的盡頭去頂著天空，不要讓它掉下來。要永遠頂下去喔
在那之後，亞特拉斯就在西方的盡頭持續支撐著天空
接受永遠不得歇息的嚴酷懲罰

裡，意圖欺騙英雄海克力斯來代替自己扛下天空。

● 與英雄海克力斯的鬥智

某一天，海克力斯為了打聽能長出黃金蘋果的赫斯珀里得斯庭園究竟位在何處，因此前去拜訪亞特拉斯。

亞特拉斯表示「我可以去幫你摘金蘋果，但希望你可以幫我扛一下天空」。同意這項提議的海克力斯，就暫時從祂肩上接下了天空，讓亞特拉斯能夠到庭院幫自己把金蘋果摘來。可是，歸來的亞特拉斯卻不願把天空給接回來。

這時海克力斯請託：「我是可以幫你扛下去，但你可不可以示範一下要怎麼扛才會比較輕鬆呢？」原本想欺瞞海克力斯的亞特拉斯聽信了這番說詞，最後又重回得永遠扛著天空的局面。

普羅米修斯的懲罰

普羅米修斯是泰坦神族的一員，也是亞特拉斯的弟弟。祂是個有先見之明的神
普羅米修斯
看這局勢，會輸給宙斯的
祂加入宙斯陣營，與泰坦神族開戰
バーン
你很強耶
ドッ
ドン
但是普羅米修斯其實是在等待給宙斯一擊的機會
竟然把我哥哥給……
某一天
嗯～
現在神明跟人類的區隔有點曖昧，我希望其中的界線能夠更清楚點
我來 我來
我宰了一頭牛，分成這兩個部分
如果能區分這兩個部分，就能分出神明和人類了吧
感覺很難吃的胃袋
感覺美味的帶油脂部位
好點子！那麼我就來
嚐嚐這個油脂豐富的部分吧
ニヤリ

欺騙宙斯，為人類帶來火

●為人類和神做出區別

普羅米修斯是亞特拉斯的弟弟，也是泰坦神族的成員之一。但是祂在泰坦之戰時加入了宙斯的陣營，因此在戰爭結束後，祂就和奧林帕斯的眾神一起生活。

但是，普羅米修斯可是比宙斯一夥還要古老的神祇，不可能完全服從奧林帕斯眾神的命令。

有一天，宙斯希望讓人類和神明有所區隔。這時，普羅米修斯殺了一頭牛，分出兩個部分，其中一邊是將肉給塞進胃袋裡、另一邊則是用帶有油脂的部分包覆骨頭，偽裝成很美味的部位。祂建議由神來挑選，藉此區分神明與人類的差異。

但是，當宙斯一口咬下牛肉後
啊，裡面都是骨頭…什麼都吃不到
肉之類的美味部分全都裝進那個胃袋裡了嗎…
普羅米修斯這小子竟敢騙我！
宙斯為了讓普羅米修斯守護的人類困擾，
燃燒
從人類的世界奪走了火焰
啊
這下慘了
人類
然而，普羅米修斯從天界
把火偷走，帶回了人間
穿出
感謝
普羅米修斯啊…
你這次越線了喔
ゴゴゴ
はっ…
宙斯把普羅米修斯吊在高塔上，讓老鷹啄食祂的肝臟
うう…
因為普羅米修斯也不會死去，肝臟會立刻再生，所以這項不會停止的處罰將會永無止盡地持續下去

偷出火焰交給人類

普羅米修斯認為宙斯會挑選外觀很好吃的那一份，然後真正好吃又有營養的那一份就能留給人類。這個如意算盤正中下懷，宙斯被騙過去了。可是怒不可抑的宙斯，從人類世界將火焰給奪走了。

然而，這次普羅米修斯依然站在人類那一邊。祂從鍛造之神赫菲斯托斯的爐子裡把火給偷了出來，再交給人類。

最後，人類利用火，建立了文明，也將火運用在武器上，發動了戰爭。宙斯看到這一幕，便逮捕普羅米修斯，讓祂從此接受無法終結的殘酷懲罰。

潘朵拉之壺

雖然處罰了普羅米修斯，但是宙斯的怒火依然沒有平息
我要對普羅米修斯保護的那些人類
降下更加嚴酷的災禍！
赫菲斯托斯！你來打造人類的「女性」！
了解！
至此之前，人類都只有「男性」。而赫菲斯托斯仿照女神的姿態，
製作出第一個人類女性「潘朵拉」
潘朵拉被送到普羅米修斯之弟艾比米修斯那裡
送給你喔
傳令之神荷米斯
騙人的吧…
兩人很快就成婚了

裝有人間所有的災厄

以女神為範本的潘朵拉

雖然宙斯已經嚴懲從天界盜取火焰給人類的普羅米修斯，但是祂還是無法壓抑自己的怒意。於是，祂命令鍛造之神赫菲斯托斯製造一個會為人類帶來災禍的「女性」。

於是，以眾位女神為範本打造、名為潘朵拉的女性就完成了。宙斯賜予她一個壺，並留下「絕對不能打開」的囑咐。之後潘朵拉就被送到普羅米修斯之弟艾比米修斯的住處。

順帶一提，雖然「潘朵拉的盒子」這種說法相當有名，但最初的原型其實是壺。

艾比米修斯也曾被哥哥告誡「不要接受宙斯贈與的禮物」，但是祂在見到美麗的潘朵拉的瞬間就

只不過
潘朵拉相當在意那個宙斯所賜、被囑咐「絕對不能打開」的壺
怎麼回事呀？
老公也總是把「這個不能開、絕對不能開」掛在嘴邊
我只稍微看一眼就好
嗯，好重喔
呀啊啊啊!!
ドバァァッ
從壺裡面竄出的，是會造成人類痛苦與死亡的眾多災厄
從那時開始，人間就成了一個為災禍而苦的世界
但是有一樣東西留了下來
那就是「希望」

墜入情網，立刻和她結婚了。

●留存在壺中的「希望」

結婚後，祂們過了一段相當平穩的日子。但是有一天，潘朵拉無法抵抗自己的好奇心，開啟了那個大家都說「不能打開」的壺。

接著，從壺內飛竄出疫病、悲嘆、匱乏、犯罪等災禍，並且流傳遍整個世界。也因為這樣，世界從此充滿災厄，讓人間陷入一片苦海之中。

但是，在壺底還有一樣東西沒有飛走，就此留了下來。那就是「希望」。

據說，正是因為希望留了下來，人類不管遭遇多麼痛苦的事情，都能堅強地生存下去。

宙斯與赫拉的婚姻

有一天，宙斯對自己的姊姊赫拉動情了
赫拉！
你真的太美了！請跟我結婚吧。我是認真的！
啊？
你傻了啊？
你不是已經跟墨提斯和泰美斯結婚了嗎？
事實上，宙斯可是個讓人吃驚的花花公子，一開始祂和智慧女神墨提斯結婚
墨提斯
嫁給我
接著和律法之神泰美斯結婚
泰美斯
時序三女神
命運三女神
接著又在各地結交許多愛人
清醒點吧
失落…

即便和前妻分開 也要求愛的至高之神

● 變身為杜鵑鳥，藉此接近

宙斯最初的妻子，其實是泰坦神族的智慧女神墨提斯。只不過，宙斯從蓋亞那邊聽到「你和墨提斯生下的男神會超越你這個父親」這樣的預言，因此便將懷有身孕的墨提斯給一口吞下肚。

第2位妻子是烏拉諾斯和蓋亞的女兒，也就是掌管律法的女神泰美斯。宙斯和泰美斯育有多位女神子嗣。

只不過，即便已經和泰美斯成婚了，個性不安分的宙斯又將目光轉向了女神赫拉。

變身成杜鵑鳥的宙斯，趁著赫拉一時大意接近祂。但是，個性貞潔的赫拉卻沒有接受宙斯。

即便如此，宙斯依然沒有放

但是，就在春天某個寒冷的日子
ザー
咦？
欸，那隻杜鵑鳥看起來很冷的樣子
カッコー
プル プル
沒事，別怕喔，不要緊的
讓我來溫暖你吧
噗通
跟我結婚吧，拜託你
我幹嘛非得嫁給你不可啊！
要、要是可以當正室的話，我是可以稍微考慮一下啦
小鹿亂撞
ドキ ドキ
赫拉！
你不要抱我，好可怕！
就這樣，宙斯將赫拉奉為正室

棄，還是積極地展開求愛。於是，赫拉提出了「你和泰美斯離婚，讓我當正室的話，我就接受你」這個條件。最後宙斯應允了這個要求，奉赫拉為自己的正室。

即便如此，宙斯依然處處留情

因為自己是在位居劣勢的情況下結婚的，基於這段經過，也讓宙斯在赫拉面前抬不起頭來，在外拈花惹草時也會受到妻子的責罵。

和赫拉結婚之後，宙斯就再也沒有娶過其他的妻子了。只是祂那花心的個性卻無藥可醫，時常對其他的女性出手，將很多人納為自己的情人。

順帶一提，變身成動物，讓對方卸下警戒，藉機接近女性的方式，是宙斯熟門熟路的老招了。在那之後，祂還曾變身成天鵝或公牛四處獵豔。

奧林帕斯十二神的誕生

大家集合，宙斯要發言囉
好！大家都到齊了吧！
在場的12位就是最強、最崇高的神明喔！
我是王
ΖΕΥΣ
這是妻子赫拉
ΗΡΑ
海神波賽頓
多多指教
ΠΟΣΕΙΔΩΝ
爐灶女神赫斯提亞
ΕΣΤΙΑ
豐饒女神狄密特
ΔΗΜΗΤΗΡ
藝術與預言之神阿波羅
ΑΠΟΛΛΩΝ
雙胞胎喔
狩獵女神阿提米絲
ΑΡΤΕΜΙΣ

希臘神話的主角就此定案

十二神的主要成員

經歷泰坦之戰和巨人之戰的勝利，奉宙斯為頂點、由奧林帕斯眾神掌管世界的體制也就此確立了。

在這些神明之中，最主要的12位神祇，就是所謂的「奧林帕斯十二神」。

奧林帕斯十二神的名單有好幾種說法，但通常是由下面這些成員所構成。

天神宙斯與祂的妻子赫拉、大海的王者波賽頓、爐灶女神赫斯提亞、豐饒女神狄密特、藝術與預言之神阿波羅、狩獵女神阿提米絲、戰神阿瑞斯、戰爭與智慧女神雅典娜、傳令之神荷米斯、鍛造之神赫菲斯托斯、愛與美的女神阿芙蘿黛蒂等12位。

●黑帝斯是×，戴歐尼修斯是△

和宙斯與波賽頓位階相同的黑帝斯因為身處冥府的關係，被認為和居住在天界的神明在屬性上有所不同，因此沒有涵蓋在十二神的陣容內。

此外，有時十二神的陣容也會以酒與酩酊之神戴歐尼修斯替換掉爐灶女神赫斯提亞。據說這是因為被排除在十二神名單外的戴歐尼修斯對此相當怨嘆，所以赫斯提亞才將位子讓給對方。

附帶一提，十二神主要是以兩個世代的神明所構成的。克洛諾斯和雷亞所生的宙斯、赫拉、波賽頓、黑帝斯、狄密特是第一世代。宙斯的孩子阿波羅、阿提米絲、阿瑞斯、雅典娜、荷米斯、赫菲斯托斯則是第二世代。其中唯有阿芙蘿黛蒂的誕生過程是比較特別的（60頁）。

神話的秘密②

容易親近的眾多登場人物

說起希臘神話裡登場的諸神特徵，首先就是數量非常多。在希臘神話的故事裡，有多達幾十位的神明會登場。

同時信仰複數神明的宗教，就被稱作多神教。日本神話、印度教神話、北歐神話、埃及神話等，都是屬於多神教的神話。相對於此，像基督教或伊斯蘭教那種只尊崇一位神明的，就是人們所謂的一神教。

多神教神明的特徵，就是每一位神明都有著近似人類的性格。當然，因為祂們是神明，還是擁有潛入大地、飛上天空、變身等人類無法擁有的能力。

另一方面，祂們很容易顯現慾望、有著相當人性化的個性。在本書收錄的故事裡，我們可以看到諸神哭泣、歡笑、偷腥、嫉妒、犯下愚蠢的失敗、得意忘形等等，和活在現代社會的我們並沒有太大的分別。

對古希臘人而言，那些神明雖然也有可怕的地方，但也是相當親近、讓他們敬愛的存在。

祂們和人類之間的距離有多麼接近，從登場角色的事例就能理解。神明會和人類育有許多的子嗣。男神也會和人類中的美女成親、女神也會和俊美的青年或少年譜出戀曲。

像是海克力斯、珀爾修斯、阿基里斯等在希臘神話裡登場的英雄人物，其實有很多都是神明與人類結合所生下的「半神半人」。

不過，希臘神的神祇與人類，還有與半神半人的英雄之間，還是存在著決定性的差異。那就是神明基本上是不死的存在，而人類和半神半人的英雄都是有壽命限制的，若是受了嚴重的傷，也可能會因此殞命。

在這些神話中，若是半神半人的英雄死去，就會飛升到天上。這時他們就完全成神，初次獲得不死的生命了。

不會死去這一點，或許稱之為希臘神話神明的特徵也不為過。即使同樣都是多神教，日本神話或北歐神話裡的諸神，其實很多都和人類一樣會死去。

話說回來，希臘神話的諸神也和其他多神教的神明一樣，擁有各式各樣的特殊技能和分別執掌的領域。古希臘人一旦碰到什麼事情，就會去找相對應領域的神明祈求。

德爾菲的神殿

相傳阿波羅會在這個地方傳達自己的神諭。包含這座神殿在內的神域一帶以及都市遺跡，已經被登錄為世界遺產。

舉例來說，如果心中煩惱的時候，就去預言之神阿波羅的神諭所報告；如果懷上身孕了，就去掌管生產的阿提米斯女神神殿祭祀。

希臘神話還有會守護盜賊的荷米斯這種神祇，有人認為在動手偷竊的時候，就要先祭拜這位神明。

最後講點題外話，希臘神話的諸神，其實並不是所有神都誕生於希臘。舉個例子，人們認為愛與美的女神阿芙蘿黛蒂和酒與銘酊之神戴歐尼修斯等神明，原本是在其他地域（亞洲）被信奉的神，之後才被希臘神話給吸收融合。

主要角色 1

支配全宇宙的神

宙斯 ΖΕΥΣ

握在手中、名為雷電的武器能夠破壞所有的東西。
雖然身為至高之神，但異性關係很糟糕。總是惹正室赫拉生氣。

位列希臘神話中諸神頂點的宙斯，以祂的全知全能支配整個宇宙，守護著人類與諸神的秩序。

祂的父親克洛諾斯和母親雷亞都是泰坦神族的一員。

雖然是最幼小的孩子，但是宙斯憑藉著打倒原為至高之神的父親這項功績，因此凌駕於兄長海神波賽頓和冥府之王黑帝斯之上，居於眾神的頂點之位。

宙斯之所以能擊敗父親克洛諾斯和其陣營中的神祇，是因為握有雷電這項強力的武器。祂的雷霆能夠燒盡全宇宙的一切，是相當具有破壞力的武器。

除此之外，祂還擁有能斬斷許多東西的「adamas鐮刀」以及連雷霆一擊都能防禦的埃癸斯神盾等各式各樣帶有魔法的武器和防具。

宙斯擁有相當驚人的能力，但另一方面，祂也存在愛好拈花惹草、對女性沒有抵抗力的缺點。

祂的正室妻子赫拉，原本是祂的姊姊。然而，祂還是和勒托、狄密特等眾多女神，以及許多人類女性結合，生下許多的孩子。

在希臘神話的故事裡相當活躍的阿波羅和阿提米絲、荷米斯、阿瑞斯、赫菲斯托斯等等，都是宙斯和各式各樣的女神所孕育的子嗣。

而且祂還和人類女性生下了海克力斯與珀爾修斯這種半神半人的英雄。

每當祂又在外頭偷情外遇的時候，總是會惹來正室赫拉的一頓斥責，但是這個壞習慣並沒有改善。

宙斯的3個特徵

變身的能力

宙斯要接近女性時，就會變身成杜鵑鳥、天鵝、公牛等動物。

屠殺大量的人類

有說法認為，特洛伊戰爭是宙斯為了減少增長過多的人類所籌畫的。

正義與弱者的守護神

雖然有不少缺點，但至少還是諸神的頂點。作為正義和弱者的守護神，被人們所信仰。

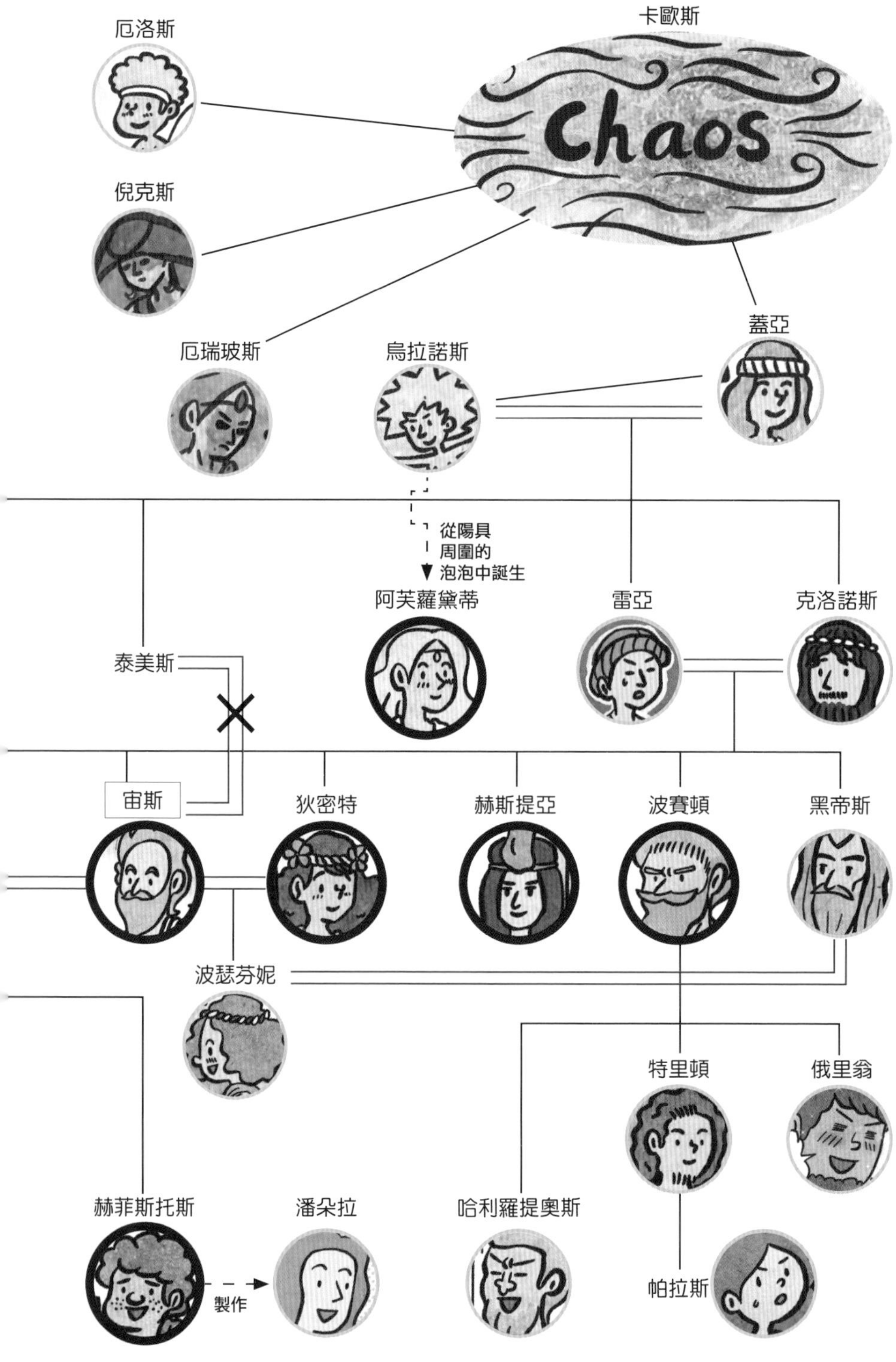

卡歐斯
Chaos
厄洛斯
倪克斯
厄瑞玻斯
烏拉諾斯
蓋亞
從陽具
周圍的
泡泡中誕生
阿芙蘿黛蒂
雷亞
克洛諾斯
泰美斯
宙斯
狄密特
赫斯提亞
波賽頓
黑帝斯
波瑟芬妮
特里頓
俄里翁
赫菲斯托斯
潘朵拉
哈利羅提奧斯
帕拉斯
製作

以宙斯為中心的主要角色相關圖

因為關係太過複雜，所以省略掉部分的相關圖。

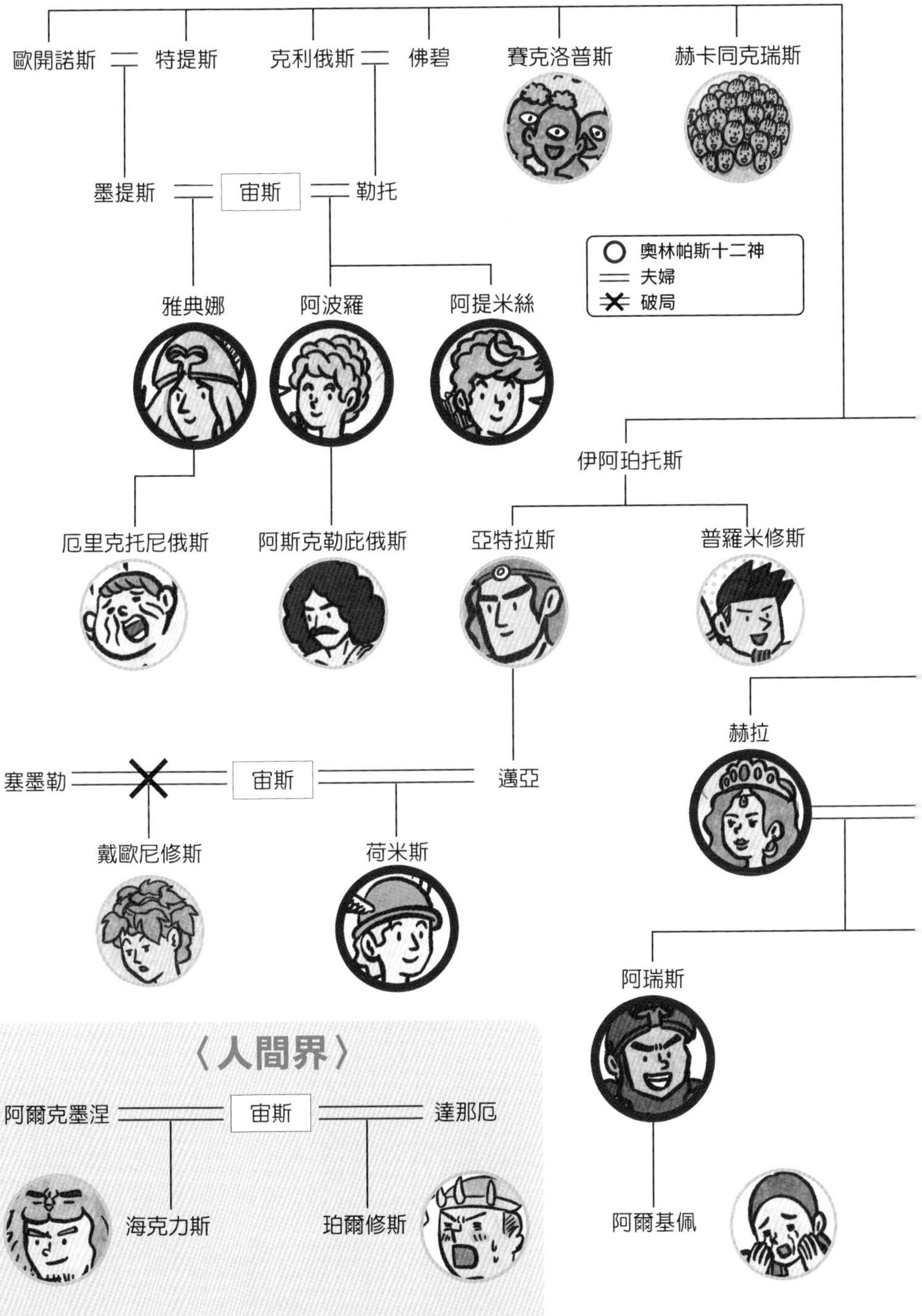

海洋的支配者

波賽頓 ΠΟΣΕΙΔΩΝ

主要角色 2

個性急躁、直率。能引發跟海洋有關的自然災害。

只要揮舞手中的三叉戟，就能自由自在地操縱風暴或海嘯。

掌管海洋的神祇波賽頓，是泰坦神族克洛諾斯跟雷亞的孩子，也是宙斯的兄長。如同祂被人們以「海洋的宙斯（Zeus Enalios）」這個別稱來稱呼那樣，其力量絕對不可小覷，在奧林帕斯十二神裡面，祂的地位也被認為僅次於宙斯。

祂的正室妻子是海之精靈安菲特里忒，但是跟許多希臘神明一樣，祂的情人也有不少。

此外，波賽頓既是海神、同時也是掌管地震的神明，祂也會引發大地震，讓大地天搖地動或是沉入海中。因此，祂也被人稱為「撼動大地之神」。

波賽頓之所以能支配海洋與大地，是因為在泰坦之戰這場諸神間的大戰時，祂從獨眼巨人賽克洛普斯那裡獲贈三叉戟的緣故。

只要揮動這把三叉戟，就能立刻掀起風暴、海嘯，或是引發地震。古希臘的人們認為，海嘯跟地震都是波賽頓正在發怒的關係，對其相當敬畏。

波賽頓偶爾也會因為人類傲慢的言行舉止，將怪物送往人類的生活圈做為懲戒。

舉個例子，傳說衣索比亞王妃卡西歐佩亞誇口自己的美貌勝過女神，於是波賽頓就派了大海怪凱圖斯前去消滅衣索比亞。

但是，因為波賽頓也是守護航海安全的神明，對從事海上交易、住在濱海地區沿岸地帶的古希臘人而言，更是虔誠信奉的對象。

波賽頓的3個特徵

梅杜莎是祂的情人

擁有一頭蛇髮的恐怖怪物梅杜莎，也是波賽頓的眾多情人之一。

馬是祂的象徵

馬被視為是波賽頓的象徵。擁有雙翼的天馬佩加索斯就是祂的孩子。

拿宙斯沒辦法

即使是擁有偉大力量的波賽頓也拿宙斯這個弟弟沒辦法，總是心不甘情不願地服從祂。

冥府之王
黑帝斯 ΑΙΔΗΣ

雖然是高階的神明，但並不是身處天界、而是孤獨地在陰暗的冥府生活。性情有些膽怯。
擁有3個頭的地獄看門犬克爾柏洛斯是祂忠實的寵物。
ハッ
ハッ
ハッ

黑帝斯是至高之神宙斯與海神波賽頓的兄長，也是支配冥府及地底世界的神。因為這層關係，祂也被視為地下礦物資源的守護神，擁有「富裕者（Plouton）」這個別稱。

除此之外，祂還有「目不可視者」、「聲名遠播者」、「忠言者」這些稱呼。

在諸神裡頭，祂被認為擁有僅次於宙斯和波賽頓的實力，但基本上並不會被列入奧林帕斯十二神之列。箇中原因，一般認為是黑帝斯居住的地方是位處地底深處的冥府的關係。

相對於宙斯支配的天空、波賽頓管理的大海，身為長兄的黑帝斯所統治的卻是幽暗的地底世界，這全都是籤運太差的緣故。不過，也有論點認為黑帝斯所統治的冥府並不在地底下，而是位於西方盡頭的歐開諾斯海流彼端。

因為有著冥府與地下之神這類樸素性格的關係，希臘神話裡幾乎沒有留下黑帝斯的故事。人類似乎也不太信仰祂的樣子，據說在古希臘也只有一座祭祀祂的神殿。

另外，祂和宙斯等神明不同，是個個性慢熱的人。在迎娶女神波瑟芬妮為妻的時候，黑帝斯還為了該怎麼做才能博得對方歡心一事而傷透了腦筋。在結婚之後，也幾乎沒有發生外遇的狀況。

就這層意義來說，黑帝斯或許可以說是希臘神話裡最為誠懇的一位神明吧。

黑帝斯的3個特徵

沒有子嗣

雖然希臘的神明大多擁有很多的孩子，但據說黑帝斯沒有生殖能力，所以沒有小孩。

妻管嚴

精靈門塔是黑帝斯以前的戀人，後來被妒火中燒的波瑟芬妮給變成薄荷。

愛犬有3個頭

海克力斯曾經把祂飼養的看門犬克爾柏洛斯拖出冥府。

嫉妒心很重的宙斯妻子

主要角色 4

赫拉 HPA

就連宙斯也要低頭、嫉妒心很重的正室妻子。許多人都成了祂妒意下的犧牲品。

每年會有一段時間變得非常美麗，屆時就連宙斯也無法遏止自己的愛意。

在希臘神話的女神當中，地位最為崇高的，就是宙斯的正室妻子赫拉了。

赫拉這個名字，在古希臘語中即為「貴婦人」之意。人們也為祂添加各式各樣的形容詞，因此用來稱呼祂的名稱也相當多樣化，像是「白皙手臂的女神赫拉」、「擁有母牛之眼的赫拉」、「黃金寶座上的赫拉」等諸多稱謂。

赫拉的父親是泰坦神族的克洛諾斯，母親則是雷亞。也就是說，祂其實是宙斯的姊姊。不過，希臘神話的故事裡，諸神之間的兄妹婚案例也並非什麼稀奇罕見之事。

說起祂最顯著的性格特徵，就是嫉妒心很重，總是為了宙斯的外遇大發雷霆。基於這個原因，祂們的夫婦關係並不能說很好。這對位處最高階層的男神與女神組合所生出的孩子，扣除鍛造之神赫菲斯托斯和戰神阿瑞斯之外，就是生產女神埃雷圖亞、青春女神赫柏等神明。數量並不多，也沒有特別出名的神。

此外，因為宙斯的花心而妒火中燒的赫拉，時常對丈夫的外遇對象和祂們之間的孩子施以相當殘酷的處罰，引發許多悲劇。希臘神話中的悲劇，要說絕大多數都是起因於赫拉的嫉妒也不為過吧。像是那位英雄海克力斯，就因為赫拉的嫉妒心大吃苦頭。

但即使是為世間帶來騷動的女神，到了每年春天，赫拉還是會以聖泉沐浴，將過去這一整年的焦躁情緒全部洗淨。這麼一來，赫拉的美麗就會凌駕於美神阿芙蘿黛蒂之上。也唯有在這個時候，才能讓宙斯的眼裡容不下其他的女性，只會傾心於赫拉一個人。

赫拉的3個特徵

禁止花心、絕對不行

經常為了丈夫宙斯四處拈花惹草而動怒。而且赫拉自己是絕對不逾矩的。

卓越的情報蒐集能力

不管宙斯如何巧妙掩蓋自己外遇的事實，最後都會被赫拉識破。

「Hero」的語源

英文裡代表英雄的「Hero」，其語源就是希臘文中的「獻給赫拉的男子」之意。

守護都市的戰爭女神
雅典娜 ΑΘΗΝΑ

主要角色
5

從宙斯的頭部以全副武裝之姿誕生。
給予許多英雄建議，並將魔法武器借給他們。基本上對人類是相當親切的。

身為奧林帕斯十二神的其中一員，雅典娜是一位執掌智慧、藝術、工藝、戰爭等領域的女神。

信仰的中心地，就位於沿襲女神名號而來的城邦・雅典，她以守護都市的女神之姿，在希臘各地受到廣大民眾的信仰，因此也擁有「都市守護者（Poliucos）」這個別稱。

雖然掌管戰爭的神祇還有宙斯與赫拉的兒子阿瑞斯，但是雅典娜所職掌的戰爭就如同她的別稱那樣，是為了守護都市的和平而戰，和擁有侵略性格的阿瑞斯有著相當大的差異。

而孕育雅典娜的，是其父宙斯。關於祂的誕生，流傳著下面這段故事。

宙斯的第一任妻子是女神墨提斯。雖然祂懷了宙斯的孩子，但是因為一段孩子生下來將會奪走自己至高之神地位的預言，宙斯竟然將懷有身孕的墨提斯給一口吞進肚子裡。

原本以為這麼一來就徹底斬斷動搖自己地位的未來禍根了，但是胎兒卻在宙斯的體內繼續成長。最後，宙斯突然感到頭痛欲裂，因為已經痛到無法忍耐了，祂便命普羅米修斯拿斧頭將自己的頭切開。接著，身披甲冑、外貌姿態已經是成人的雅典娜就這樣誕生了。

這位由宙斯單獨孕育的女神，握有強大的力量。即便是跟海神波賽頓爭奪雅典的支配權，最後也是由雅典娜獲得勝利。

另外，雖然彼此之間沒有血緣關係，但是祂和宙斯的正室赫拉卻相當契合，在特洛伊戰爭期間，這兩位女神同心協力，幫助希臘陣營消滅了特洛伊。

雅典娜的3個特徵

貓頭鷹是祂的象徵

雅典娜的象徵是貓頭鷹。其他像是蛇和橄欖樹等也是祂的象徵物。

援助過許多的英雄

當海克力斯和珀爾修斯等英雄面臨危機的時候，雅典娜會給予各種層面的協助。

「智慧」最重要

經常贏過戰神阿瑞斯，因為祂擁有阿瑞斯所缺乏的「智慧」。

執掌美與愛的女神

阿芙蘿黛蒂 ΑΦΡΟΔΙΤΗ

主要角色 6

對性很開放，即便是婚後也改不了四處留情的毛病。只要是男人都會為祂的魅力所傾心。
從烏拉諾斯被切斷、掉進海裡的陽具周圍的泡沫中誕生。

在眾多的女神之中被公認最為美麗的，就是阿芙蘿黛蒂了。祂掌管美與愛欲，而且還留下了很多對性相當開放的故事。因此，祂又有個「殺男之神（Androphonos）」的稱號。

阿芙蘿黛蒂從誕生時的故事就帶有些許情色的氣息。根據傳說，泰坦神族的克洛諾斯奪走父親烏拉諾斯的權力，還用鐮刀斬斷祂的陰莖。從落入海裡的陰莖周圍的泡沫中，孕育出了阿芙蘿黛蒂。

在那之後，時序三女神發現祂，並將祂帶往奧林帕斯山。起初奧林帕斯山的眾神對於來路不明的阿芙蘿黛蒂都抱持警戒心，但後來都被祂的美貌給折服，讓祂成為眾神的一份子。

順帶一提，因為阿芙蘿黛蒂可說是從烏拉諾斯的陽具中誕生的，從這一點能將之視為和克洛諾斯是同世代的神祇，也就是說，祂對宙斯而言算是親世代的神。然而，宙斯卻將阿芙蘿黛蒂納為養女。

就這樣，成為奧林帕斯眾神一員的阿芙蘿黛蒂，也立刻顯現自己對性開放的本性，和阿波羅以外的男神或許多人類都發生了關係，而且其中也包含了自己的養父宙斯。

和鍛造之神赫菲斯托斯結婚後，阿芙蘿黛蒂也依然不改在外留情的毛病，還趁丈夫外出時把戰神阿瑞斯給帶回家。

另外，其實祂也有著好強的一面。特洛伊戰爭之所以會爆發，追究其遠因，其實也是在於阿芙蘿黛蒂、赫拉、雅典娜這3位女神相互較勁自己的美貌所導致。

阿芙蘿黛蒂的3個特徵

海豚是祂的象徵

阿芙蘿黛蒂的象徵是海豚。其他像是天鵝、鴿子、雀等也是祂的象徵物。

不擅長應付處女神

在雅典娜、阿提米絲、赫斯提亞等處女神面前，愛欲的力量難以施展。

擁有豐饒女神的另一面

不只在性方面很開放，也有執掌生殖、帶來豐穰的女神這種面貌。

藝術與寓言之神

阿波羅 ΑΠΟΛΛΩΝ

主要角色 7

多才多藝、美男子、運動萬能，幾乎沒有任何缺點。可說是諸神之中的貴公子。

弓箭名手、演奏豎琴的技巧也是名人等級。會在德爾菲的神殿降下神論。

掌管詩、音樂等藝術的神祇就是阿波羅。不過，阿波羅負責的領域可不只有藝術而已，內容其實相當多元。

具體來說，祂也被認為是牧羊人的守護神，另外也被視為光之神。基於這項特性，人們之後將祂和太陽神海利歐斯當成同一位神明。

而且，祂還擁有弓箭名手的尊榮。因為只要被祂射出的黃金箭命中，就會在瞬間死去的關係，所以世人也把祂奉為疫病之神來敬畏。與此同時，祂也作為驅除疫病的治療之神，獲得許多人的信仰。

此外，神話流傳著祂會在德爾菲降下神諭的故事，因此也以預言之神的身分活躍著。

擁有這些特質的阿波羅，是宙斯和女神勒托外遇而生下的孩子。順帶一提，跟祂一起誕生的還有狩獵女神阿提米絲，這兩位神正是雙胞胎。

當宙斯的正室赫拉知道勒托懷孕的消息時，氣得暴跳如雷。接下來祂用盡各種不同的手段，試圖妨礙勒托生產。

這對雙胞胎兄妹歷經苦難後終於誕生了，最後就連赫拉也放棄針對祂們，接納阿波羅和阿提米絲成為奧林帕斯眾神的一份子。在那之後，阿波羅就在眾神之中佔據了很重要的地位。

然而，阿波羅不知為何時常採取和希臘人敵對的行動，在特洛伊戰爭期間也是站在特洛伊人那邊，讓眾多希臘人殞命。除此之外，人們相信祂每到冬天就會離開希臘，前往極北的土地。一般認為，這是阿波羅原本是屬於外國神祇的緣故。

阿波羅的3個特徵

據點位於德爾菲

德爾菲這裡有阿波羅的神諭所，也是祭祀祂的信仰中心。

理想的青年典範

外表帥氣、聰明且有力量的阿波羅，在古希臘時代就是理想中的青年典範。

拳擊的創始者!?

腕力很強、運動也是萬能的阿波羅，被認為是拳擊的創始者。

不擅長打仗的戰爭之神

阿瑞斯 ΑΡΗΣ

主要角色 8

明明身為戰神，卻總是打輸。也曾經敗在人類手下好幾次。

讓人意外的是祂有著重感情的一面。如果是為了女兒，即便是不可能贏的戰鬥也要勇往直前。

掌管戰爭的神祇阿瑞斯，是至高之神宙斯和祂的正室赫拉所生的孩子。但是，即便祂擁有如此純正的血統，在神話故事裡卻總是遭受不好的待遇。

其中一個有名的事例，就是祂和阿芙蘿黛蒂偷情的那段經過吧。就在兩人打得火熱的時候，阿芙蘿黛蒂的丈夫赫菲斯托斯闖了進來，用網子把祂們逮住，然後將全身赤裸的兩人押到眾神的面前，讓祂們大出洋相。

另外，雖然阿瑞斯貴為戰神，但是卻沒有贏過另一位執掌戰爭的女神雅典娜，在諸神的奧林匹克競賽中也在拳擊項目輸給阿波羅。

祂也曾經敗給奧圖斯和厄菲阿爾忒斯這對巨人兄弟，被關在一個壺裡長達13個月之久。

而且有時阿瑞斯就連人類都贏不了。有一次祂跟英雄海克力斯單挑落敗，還就此逃回天界。

特洛伊戰爭期間，祂被狄俄墨德斯這位英雄刺中側腹部，痛苦得大聲哀號後逃離現場。這時祂還跑去向父親宙斯告狀，結果被嚴厲地訓斥了一頓。

一般認為，阿瑞斯之所以沒有留下什麼好評價的故事，是因為古希臘人不喜歡祂那殘忍嗜血個性的緣故。

只不過，祂也著深愛家族的一面。在其戀人因為生產死去之後，祂運用神力讓戀人的遺體依然能夠分泌出母乳，只為了將兒子哺育長大。

此外，在吸收希臘神話的羅馬神話裡，祂被人稱為瑪爾斯，而且還一躍成為高人氣的神明。

阿瑞斯的3個特徵

跟黑帝斯交情很好

阿瑞斯挑起的戰爭會讓很多人死亡，而人死後就會去到冥府，因此黑帝斯會很開心。

性情直率

女兒阿爾基佩被人欺負時立刻就展開復仇，這些地方都能看出他坦率展現情感的一面。

被斯巴達人信仰

整體來說不太受歡迎的阿瑞斯，卻在軍事國家斯巴達獲得當地人的信奉。

狩獵女神

阿提米絲 APTEMIΣ

主要角色 9

有點任性的大小姐性格。經常向父親宙斯請求，獲得了各式各樣的東西。

因為其身為處女神的特質，光是被人類看見自己裸體，就會殘忍地殺掉對方。

狩獵女神阿提米絲是宙斯和勒托的女兒。祂和阿波羅並稱「射出金箭的阿提米絲、手持銀弓的阿波羅」，兩人是雙胞胎。

有說法認為祂是阿波羅的妹妹，但也有祂是姊姊的論點。相傳祂在母親生阿波羅發生難產時還幫忙接生。

阿提米絲很得父親宙斯的寵愛。在祂年紀還小的時候，就曾向父親提出下列的10個願望：①希望永遠維持貞潔之身。②想擁有比阿波羅更多的稱號。③希望能有一副跟阿波羅相同的弓箭。④想成為跟阿波羅一樣散發光輝的神。⑤希望穿上有刺繡的短裙。⑥想獲得狩獵野獸的權利。⑦希望獲得60個處子之身、年紀9歲的舞者。⑧想要20名侍女。⑨想得到全希臘的山。⑩希望自己也能得到一個都市。

而這10個願望，宙斯也全部實現了。正是因為這種溺愛的教養方式，讓阿提米絲成為一個任性的女神。

特別是祂很執著於自己的處女神特質，因此在侍女卡利斯托和宙斯發生關係後，憤怒地阿提米絲將卡利斯托變成一隻熊，導致卡利斯托被自己的兒子給射殺。

除此之外，祂還因為自己赤身裸體的樣貌被人看見，就殘忍地殺掉獵人俄里翁。

然而，祂在奧林帕斯眾神之中，似乎並不佔有特別重要的立場。特洛伊戰爭時期，祂和阿波羅都站在特洛伊勢力這一邊，還留下了被赫拉用自己的弓毆打，然後哭著跑走的逸聞。

阿提米絲的3個特徵

生產的女神

相傳阿波羅出生時是由祂接生的，因此阿提米絲也被視為生產的女神。

月亮女神

因為阿波羅被視為太陽神，阿提米絲也被人們奉為月亮女神。

需要活人祭品

據說在古希臘的阿提米絲祭典中，人們會獻上活人祭品。

主要角色 10

酒與酩酊之神

戴歐尼修斯

ΔΙΟΝΥΣΟΣ

受到狂熱的女性信徒支持。只要是為了戴歐尼修斯，這些信徒什麼都願意做。
能施展變身成動物、迷惑人心等魔法。

就連巴克斯這個別稱都廣為人知的戴歐尼修斯，是掌管酒與酩酊的神，祂也是位列奧林帕斯十二神的主要神明。

但是，祂也可說是希臘神話的登場神明裡頭，身上謎團最深的存在。

雖然戴歐尼修斯的父親是宙斯，但母親是忒拜的公主賽墨勒。因此在奧林帕斯的十二神當中，戴歐尼修斯是唯一的一個半神半人。也因為這個緣故，一開始祂並不被其他的神所認同。

因為赫拉的嫉妒心作祟，母親賽墨勒因而殞命，所以戴歐尼修斯是在母親的妹妹養育下長大的。但不知為何，那時祂是被當成女孩子來扶養。

只是光是奪走賽墨勒的性命，還不能平撫赫拉的震怒，於是祂又讓戴歐尼修斯的養父母發瘋死去。最後，就連戴歐尼修斯自己也沾染了狂性，過著四處流浪的日子。

就這樣，不僅希臘全土，還浪跡埃及與敘利亞等地的戴歐尼修斯，終於開始思考如何讓奧林帕斯的眾神們認可自己的神祇身分。這時，祂也施展出迷惑人心及變身成動物等魔力，藉此增加自己的信眾。

戴歐尼修斯擁有很多女性信徒，她們會徒手撕裂活生生的羊、吃下牠們的血肉，然後呈現半癲狂的狀態，在山林中奔跑。

帶著這些狂熱信徒回歸希臘的戴歐尼修斯，終於被認可是眾神的一員。據說當祂獲得一席之地後，赫拉也和祂和解了。

戴歐尼修斯的3個特徵

不斷變換的外貌

有時讓人覺得是個美少年，有時又是大腹便便的中年男子，甚至還會變身成美少女。

拯救母親

因為不被認同是一位神，所以戴歐尼修斯深入冥府，拯救母親的靈魂。

傳承酒的釀造方法

相傳戴歐尼修斯指導希臘人栽培葡萄與釀造葡萄酒的方法。

最強的英雄

海克力斯 ΗΡΑΚΛΗΣ

身上總是披著自己打倒
涅墨亞食人獅後所剝下
的毛皮。
希臘神話裡最強悍的英
雄。就連神明也多次敗
在祂的武勇之下。

希臘神話裡有許許多多的英雄登場，但是在這些人裡頭，最強大也最廣為人知的，想必就是海克力斯了吧。

海克力斯是宙斯與邁錫尼公主阿爾克墨涅的孩子。但也因為祂是在宙斯的外遇下誕生的，讓祂招來了赫拉的憎恨。

為了殺死海克力斯，赫拉派了毒蛇潛入仍是嬰兒的海克力斯所睡的搖籃。沒想到自出生以來就擁有一身怪力的海克力斯，竟然直接把毒蛇給勒斃，讓赫拉顏面無光。

此外，也流傳著宙斯為了賦予海克力斯不死的能力，趁赫拉睡著時，讓嬰兒海克力斯去吸允祂的乳汁的故事。但是因為海克力斯吸允的力道過強，感受到疼痛的赫拉因此驚醒，放開了這個孩子。

而這段經過也成了赫拉憎恨海克力斯的原因之一。附帶一提，當赫拉放開嬰兒時，從祂胸部飛散而出的乳汁，之後形成了銀河。

持續招來赫拉恨意的海克力斯，在日後的人生裡也總是受到打擊與阻礙。特別是赫拉放出的詛咒讓祂發瘋，還因此把自己的孩子丟進火裡，親手殺害自己的孩子一事，更是在海克力斯的心裡留下了巨大的創傷。

即使路途顛簸，但完成12項偉業功績的海克力斯，也在死後被升上天空，成為神祇。

到了這一步，赫拉也終於接納了海克力斯，還將自己的女兒赫柏許配給祂。後來，海克力斯跟赫柏也孕育了阿雷克西亞雷斯和阿尼蓋托斯這兩位神明。

海克力斯的3個特徵

都是因為赫拉…

雖然因為赫拉的詛咒吃盡苦頭，但祂的名字其實是「赫拉的榮耀」之意。

奧林匹克運動會的起源

據說海克力斯在奧林匹亞城邦舉辦的競技賽事，就是奧運的起源。

海克力斯的選擇

「海克力斯的選擇」這句話源自這位英雄，意味著自己選擇了困難的道路。

雅典娜名字的秘密

戰爭與智慧女神雅典娜，因為是從宙斯的頭部誕生的，所以沒有養育祂的母親
一出生就全副武裝
雅典娜
特里頓
帕拉斯
於是就由波賽頓的兒子特里頓負責照顧祂
祂和特里頓的女兒帕拉斯
來玩戰爭遊戲吧！
好啊！
經常玩模擬打仗的遊戲
嘿！
カン
カン
呀！
兩人的情誼越來越深，是會一起學習切磋的好交情
ハハハ
キャハハハ
バシ
還是打不過雅典娜呢

宙斯的父母心帶來悲劇

● 波賽頓的孫女帕拉斯

戰爭與智慧女神雅典娜，其實還擁有一個名叫「帕拉斯．雅典娜」的名字。關於這個名字的由來，存在著相當多樣的說法，而其中一種論點，就是源自於下面這段神話傳說。

雅典娜是以全副武裝之姿，從宙斯的頭部誕生的，祂並沒有母親。因此，祂就被送到海神波賽頓的兒子特里頓那邊接受養育。

因此，雅典娜也和特里頓的女兒帕拉斯一同生活成長，兩人成為關係深厚的好友。

之後，雅典娜和帕拉斯也持續進行戰鬥技巧的訓練，就在某一天，眼看過於投入的帕拉斯就要對雅典娜使出強勁的一擊。在天界看

奧林帕斯山
然而，在某一天
哈哈，又在練習了
唔？
危險
宙斯在瞬間扔出了「埃癸斯神盾」
欸！
盾牌怎麼會從天空掉下來？
？
啊！
嗚！
帕拉斯！
不要啊！！！
真是抱歉……
雅典娜對好友的死深感悲痛，因此便自稱為帕拉斯・雅典娜

到這一幕的宙斯，當下的即時反應就是將魔法盾牌埃癸斯扔至兩人之間。

帕拉斯對突然從天而降的盾牌嚇了一跳，頓時解除了戰鬥架式。造化弄人，雅典娜的反擊就這樣刺中了帕拉斯的要害。最後帕拉斯也因為這處傷而失去了性命。

留下摯友帕拉斯的名字

對於自己親手殺害了摯友，雅典娜感到痛心疾首，從此以後，據說祂便在自己的名字前冠上這位逝去好友的名字，以「帕拉斯・雅典娜」來自稱。

此外，相傳雅典娜也以帕拉斯為範本，打造了名叫「pall-adium」的守護木像。palladium在古希臘及羅馬，作為能守護都市的雕像，獲得廣大群眾的信仰。

神話的秘密③

留存到現今的希臘神話遺跡

希臘全國各地，留有許多和神話傳說相關的遺跡。其中最具知名度的，應該就是位於希臘首都雅典的帕德嫩神殿了吧。

帕德嫩在希臘語中，就是「處女宮」的意思，這座神殿所祭祀的神明，就是嚴守處子之身的雅典娜女神。雖然是在紀元前5世紀建造的，但是在此之前，雅典就已經是女神雅典娜的信仰中心了。據說在過去，此處也有一座和現在大家看到的有所不同的雅典娜神殿。

帕德嫩神殿是蓋在雅典一處被稱為衛城的場所。所謂的衛城，指的是鄰接古希臘城邦的小型高丘，這裡通常都蓋有神殿或是王家的居城。

其中，雅典的衛城頗具盛名，如果單純稱呼「衛城」的場合，通常都是指那座位於雅典的丘陵。

而且，包含帕德嫩神殿在內，雅典的衛城遺跡群已經被登錄為世界遺產。這座遺跡除了神殿之外，還有人稱「Propylaea」、由大理石所打造的門，以及戴歐尼修斯劇場等建築。

位在希臘中部的帕那索斯山山麓的德爾菲遺跡也以「德爾菲考古遺跡」之名被選進了世界遺產。

古希臘的人們相信，德爾菲就是「世界的中心」。在這處遺跡裡頭，除了阿波羅神殿之外，還留有都市結構遺跡等建造物。

愛琴海上的薩摩斯島上，有祭祀女神赫拉的神殿，這座神殿也和薩摩斯城邦的都市結構遺跡畢達哥利翁一起被登錄為世界遺產。世人相信薩摩斯島是赫拉誕生的島嶼，在古希臘時代就是女神赫拉的信仰中心地。

相傳在宙斯跟赫拉成婚時，薩摩斯島上舉辦的結婚典禮已經持續了300年之久了。

除了前述項目之外，希臘境內還有麥西尼亞東北部的巴賽的阿波羅．伊壁鳩魯神殿、據聞是阿波羅與阿提米絲誕生地的提洛島、相傳是神話故事裡登場的名醫阿斯克勒庇俄斯的出生地，位於伯羅奔尼撒半島東部的埃皮達魯斯城邦遺跡，這些都是被列入世界遺產名單的成員。

巴賽的阿波羅．伊壁鳩魯神殿，據說也是由經手帕德嫩神殿的建築師伊克蒂諾斯打造。其

衛城上的神殿

在海拔156m的台地上面，中央的區域建有世界知名的帕德嫩神殿。此地被登錄為世界遺產，每年都有許許多多的觀光客造訪這裡。

名稱阿波羅・伊壁鳩魯，就是「授予守護的阿波羅神」之意。

在古代希臘，提洛島是個被視為聖地來崇敬的地方，上面留下了許多阿波羅及阿提米絲神殿之類的遺跡。

埃皮達魯斯這裡擁有被稱為「Asclepeion」（阿斯克勒庇俄斯的聖域）、祭祀阿斯克勒庇俄斯的遺跡，過去許多想祈求疾病痊癒的人們，都爭相拜訪這裡。

此外，雖然並不是世界遺產之一，但是在那個以打倒牛頭人怪物米諾陶洛斯的舞台而廣為人知的克里特島上頭，留有一座巨大宮殿的遺跡。在神話之中，這座島是由米諾斯這位強大的國王所統治，根據記載，他在此建築了豪華的宮殿、支配著整片愛琴海全域。

赫菲斯托斯的復仇①

在某個海底洞窟內，有個神明正在準備執行某個計劃……
カン
復仇的日子就快到啦！
カッ
しゅっしゅっ
幾天後，有張王座被送到宙斯和赫拉那裡
まあ！
哎呀
真是氣派啊！
坐起來超舒服！
心情變得超好呢
バババ
!?
呀！怎麼回事!?
怎麼啦？
老公！我被綁住了！
好像有條無形的鍊子
送這張椅子的
是赫菲斯托斯
帶他過來吧！

打造黃金椅、娶回美麗的女神

●想要被母親認同…

赫菲斯托斯是宙斯和赫拉所生下的鍛造之神。只不過，因為祂一生下來就樣貌醜陋，所以被赫拉嫌棄，立刻就將祂拋入海中，之後赫菲斯托斯就由其他神明扶養長大。之後即使祂回歸天界，赫拉也對赫菲斯托斯極為冷淡，不承認祂是自己的孩子。

於是，對此心生不滿的赫菲斯托斯因而籌劃了一個計策。祂打造了一張鑲嵌寶石的黃金椅子，將它獻給母親赫拉。

因椅子那耀眼的美感而心生喜悅的赫拉，一坐上去之後，身體立刻就被束縛住了，絲毫無法動彈。赫菲斯托斯在椅子上架設的陷阱發生作用了。

← 繼續

宙斯命令赫菲斯托斯將陷阱給解開，此時赫菲斯托斯便提出「如果赫拉大人承認我是祂的兒子，並且在眾神面前介紹我的話，我就解開椅子上的機關」這項條件作為交換。

娶阿芙蘿黛蒂為妻子

因為這段經過，赫拉也理解到赫菲斯托斯是多麼希望獲得自己的認可，因此便在眾神面前坦承「這位是我的孩子」。

聽聞此事的宙斯，也決定幫赫菲斯托斯找一個妻子。而這位被宙斯指名為「赫菲斯托斯之妻」的人選，就是公認最為美麗的女神阿芙蘿黛蒂。

就這樣，最醜陋的男神與最美麗的女神這對奇特的夫婦組合，就這麼誕生了。

赫菲斯托斯的復仇②

我不要!!
為什麼我要和這麼醜的男人結婚!!
貌美的阿芙蘿黛蒂
在男神之間非常受歡迎
所以根本不願意和赫菲斯托斯這個醜男在一起
別擔心，阿芙蘿黛蒂，有我在啊
阿瑞斯先生…
阿瑞斯接近懷抱不滿的阿芙蘿黛蒂，兩人發生情愫
不用喊我什麼先生啦
心花
怒放
……

雖然赫菲斯托斯娶了美神阿芙蘿黛蒂為妻，但是這位妻子也嫌棄丈夫那醜陋的外表。於是，祂便和擁有俊俏面孔和強健肉體的戰神阿瑞斯外遇了。

起初，赫菲斯托斯並沒有察覺妻子偷情的行為。但是，這件事在諸神之間傳得繪聲繪影，終於還是讓祂知道了。祂為此感到相當消沉，但也同時萌生了要對妻子阿芙蘿黛蒂和阿瑞斯復仇的想法。

●因妻子的不貞行為震怒

有一天，赫菲斯托斯告訴妻子，表示自己會待在工作場所一陣子，暫時不會回家。阿芙蘿黛蒂暗自竊喜，趁機把阿瑞斯給找來家中。

就在兩人滾到床上準備好好恩愛一下時，瞬間就被赫菲斯托斯那條特製的無形鍊給捆住了。

這…個…仇
我要加倍奉還！
某一天
阿瑞斯，那傢伙暫時不會回來
啊哈哈！我們好好找點樂子！
啊啊！
!?
ジャラ
ジャラ
這莫非是看不見的鍊子？
怎麼可能！
ジャラ
大家快來喔！
！
赫菲斯托斯！
這傢伙！
哇！這是偷情！偷情耶！
欸
走開！
不要看！
背叛我就是這種下場

兩個人就這樣赤身裸體相擁，一動也不能動，而且只要試圖掙脫，鍊子就會咬得更緊。

這時赫菲斯托斯出現了，當場把兩人的偷情場面給抓個正著。為了好好教訓妻子和阿瑞斯，赫菲斯托斯把很多神明都叫來家裡，讓大家看看床上這對赤身裸體、動彈不得的兩人。

在阿芙蘿黛蒂和阿瑞斯被眾神給大肆嘲笑一番後，赫菲斯托斯才將束縛祂們的鍊子解開。

雖然上面的漫畫在這裡結束了，事實上還有後續。據說阿瑞斯羞愧到當場奪門而出，而依然赤裸著身子的阿芙蘿黛蒂，卻依然面露微笑。

處女神雅典娜的孩子

有一天，雅典娜造訪了赫菲斯托斯的工作場所
赫菲斯托斯，我想換一把新的長槍，麻煩你了
雅…雅典娜你真是美麗啊
啊？
ハァ
ハァ
你、你在說什麼啊？你的妻子可是以美貌著稱的阿芙蘿黛蒂喔
祂啊…完全不把我當一回事呢
所以我…不管怎樣…都想擁抱雅典娜啊！
ガバ
哇啊啊啊!!

被冷落的名匠動情了…

● 祂對造訪工坊的雅典娜…

和阿瑞斯引發外遇騷動（78頁）之後，愛與美的女神阿芙蘿黛蒂和赫菲斯托斯的夫妻關係也沒有好轉的跡象。

就在某一天，戰爭與智慧女神雅典娜為了訂製新的武器，來到了赫菲斯托斯工作的工坊。

和妻子關係不睦的赫菲斯托斯，見到女神的美貌之後，瞬間動情了，於是便對雅典娜發動求愛攻勢。

因為雅典娜是堅守處子之身戒律的女神，於是便逃出了赫菲斯托斯的工坊。拖著瘸腿的赫菲斯托斯在後方追趕，但是途中卻意外射精，精液沾染到雅典娜的腳上。

不過，赫菲斯托斯並沒有得

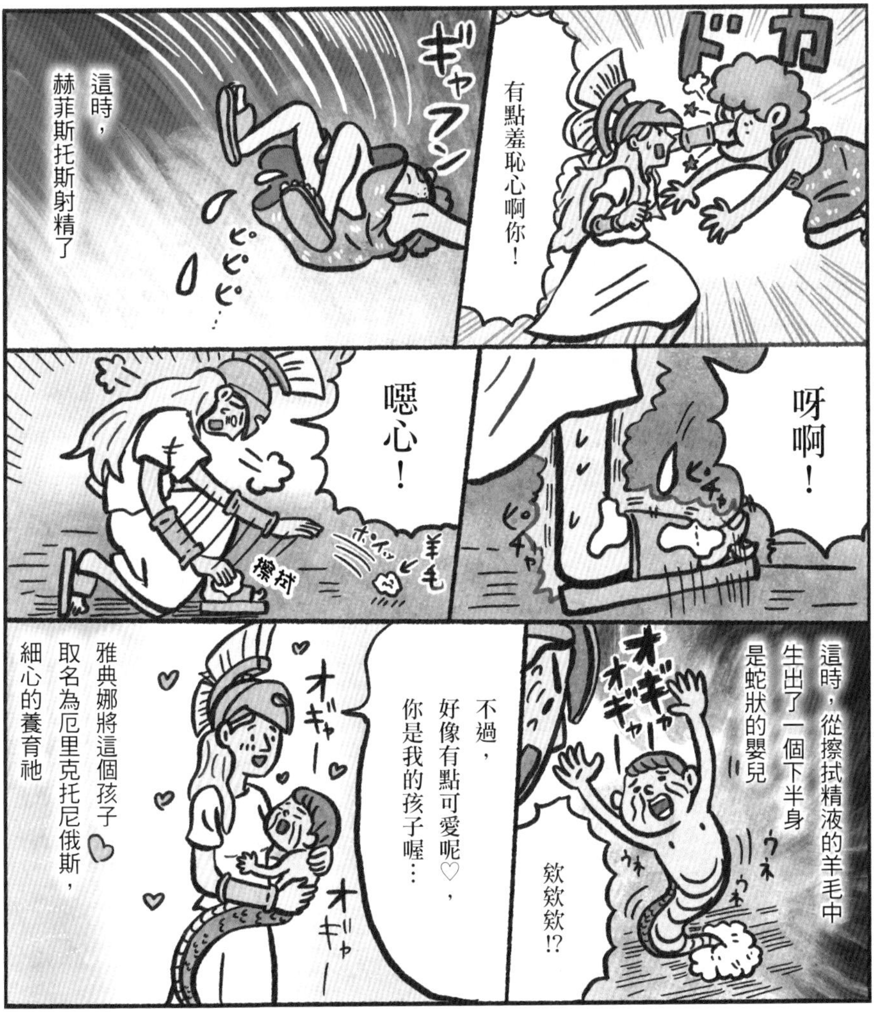
ドカ
有點羞恥心啊你！
ギャフン
這時，赫菲斯托斯射精了
ピピピ…
呀啊！
ピチャ
ピチャ
噁心！
ポイッ
羊毛
擦拭
這時，從擦拭精液的羊毛中生出了一個下半身是蛇狀的嬰兒
オギャ
オギャー
欸欸欸!?
ウネ
ウネ
ウネ
不過，好像有點可愛呢♡，你是我的孩子喔…
雅典娜將這個孩子取名為厄里克托尼俄斯，細心的養育祂
オギャー
オギャー

逞，雅典娜最後還是成功逃走了。

●擦拭精液後，孩子誕生了

另一方面，逃離赫菲斯托斯求愛的雅典娜，用羊毛擦拭被精液沾染到的地方，然後將羊毛丟在地上。結果，羊毛突然膨起，從裡面冒出了一個嬰兒。

這個被取名為厄里克托尼俄斯的嬰兒，雖然下半身是蛇的姿態，但是雅典娜依然細心地養育祂。

在雅典娜的神殿被扶養的厄里克托尼俄斯，長大後便待在等同於父親的赫菲斯托斯的工坊修業。

之後，據說厄里克托尼俄斯發明了用馬拉動的希臘戰車，而且之後還成為了雅典之王。

阿波羅的悲戀

有一天，阿波羅正在進行狩獵
喔！厄洛斯你在這裡幹嘛呀？
是阿波羅啊，我也想試看看打獵的感覺
打獵？用你那副玩具弓箭嗎？
はあ？
認真？
玩具？
……
你看這個箭頭連蟲子都殺不死吧
過分！
生氣的厄洛斯朝著帕那索斯山射了兩支箭
我生氣啦！
1支是喚起戀情的黃金箭
1支是讓戀情冷卻的鉛箭
森林外頭
惹人生氣是我的壞習慣啊
ヒュン
ヒュン
ポロン
ポロン
ドスッ
ドス
呀！
命中

正字標記 月桂冠的由來

追逐的阿波羅、逃跑的達芙妮

某一天，就在阿波羅射殺了巨蛇妖怪培冬的歸途，碰巧遇見了執掌戀愛的神明厄洛斯。

厄洛斯擁有一副能操縱戀愛的弓箭，但是看到那附小尺寸弓箭的阿波羅，竟然對厄洛斯嘲諷起來。

為此憤怒的厄洛斯，想要報復一下阿波羅，於是祂對阿波羅射出能萌生愛意的黃金箭，接著又對河神珀紐斯的女兒達芙妮射出拒絕愛情的鉛箭。

因為這段報復，阿波羅愛上了達芙妮，但達芙妮卻拒絕阿波羅的愛意。

絲毫不放棄的阿波羅，為了向達芙妮示愛，持續追逐著祂。不過，達芙妮也是一個勁地逃跑。

いてて
いてて
喔
ドキッ
欸
真美，我是阿波羅
你是？
達芙妮
等一下，別靠太近好嗎？
我是神，跟我結婚吧
欸欸，說自己是神的都很糟糕
達芙妮！我愛你！
不要，好噁心，你走開！
父親！拜託你，怎麼做都好，請守護我的貞潔吧
好吧
啊
ボワン
達芙妮的父親將祂變成一棵月桂樹
咦？達芙妮
おお～
ダフネー
之後阿波羅總是在那棵月桂樹底下悲嘆著
好像太過火了

後來達芙妮終於跑到河邊，便向父親珀紐斯求救。為了拯救女兒，珀紐斯只好將達芙妮變成一棵月桂樹。

將愛慕的女性戴在身上

未能和心愛的達芙妮在一起，阿波羅為此大為失落。祂向那棵月桂樹說：「至少希望你能成為我的聖樹」，而月桂樹（達芙妮）搖晃了樹枝，將樹葉抖落在阿波羅的頭上。

此後，在紀念阿波羅的皮提亞競技會中脫穎而出的優勝者，都會被授予月桂冠作為殊榮的象徵。

順帶一提，在奧林匹克運動會中獲勝的人，則是能獲得橄欖樹的冠冕。

卡珊德拉的預言

特洛伊公主卡珊德拉是個非常貌美的女性
帕里斯
卡珊德拉
赫庫芭
普里阿摩斯
赫克托爾
某一天
好美的人…
我是阿波羅
賜予你預知能力，請成為我的妻子！
咦！神明要娶我？而且還能獲得預知能力？我嫁！我要嫁！
然而
開眼
卡珊德拉
看到了…我看到了。阿波羅會跟別的女人在一起
キーッ
卡珊德拉
可惡的阿波羅~~

阿波羅的怨恨引發的悲慘結局

●阿波羅所賜予的預言能力

卡珊德拉是特洛伊之王普里阿摩斯的女兒，以出色的美貌聞名。因為她的美貌，就連阿波羅都為之傾倒，向她示愛。

阿波羅對卡珊德拉說：「如果你接受我的愛，我一定會賜予你準確的預言能力。」

卡珊德拉接受了阿波羅的愛意，獲得了預知未來的能力。但是，就在這個瞬間，她也同時知曉了自己「有一天會被阿波羅拋棄」的命運。

對此大感失望的卡珊德拉，立刻離開了阿波羅。阿波羅相當生氣，於是對卡珊德拉施展了「不管是誰都不會相信你的預言」的詛咒。

對、對不起…
我覺得還是不行
欸！你竟然甩掉身為神的我？
明明能力都給你了！
可惡！我要詛咒你！
キャ〜ッ
在那之後，不管是誰都不相信卡珊德拉的預言
彩券會中
管他的
注意頭上！
啊？
而且她還看見了讓人震驚的未來
特、特洛伊會毀滅…
父、父親，特洛伊會…
卡珊德拉，你在胡說什麼啊？該不會是作惡夢吧？
你就是太神經過敏了
哥、哥哥！
拜託，誰願意相信我啊？
如同卡珊德拉的預言，特洛伊滅亡了。父親遇害，而卡珊德拉也成為奴隸被帶走了。

之後，特洛伊戰爭爆發，卡珊德拉預見了國家將會因此毀滅，於是就向父親普里阿摩斯和特洛伊的人民發出警訊，但無論是誰，都不相信她所說的話。然而，事情就如同她的預言那樣發展，特洛伊輸了這場戰爭，國家因此亡國。

● 國家滅亡，成為被囚之身

待在神殿裡的卡珊德拉在特洛伊陷落後，也被敵軍給襲擊。她被希臘軍的總指揮阿加曼農捕獲，最後被帶到邁錫尼去了。

在那之後，據說卡珊德拉終身被囚禁在邁錫尼，但也有論點認為她後來被殺害了。

不論真相是哪一種，她本人都已經藉由預言能力，知曉了自己人生的終點吧。

美少年雅辛托斯

因為西風之神的忌妒而殞命

●圓盤命中頭部！

雅辛托斯是斯巴達王阿密克拉斯的兒子，但也有一說指出，他是佩拉之王皮耶羅斯和女神克利俄所生的孩子。擁有一張俊美無比的臉孔。

不論是阿波羅還是西風之神仄費洛斯都很愛慕雅辛托斯。但是，雅辛托斯和阿波羅的關係非常好，最後還成為一對戀人。

有一天，阿波羅和雅辛托斯正在玩丟擲圓盤的遊戲，這時阿波羅丟出的圓盤竟然直接命中了雅辛托斯的頭部。原來是因為仄費洛斯在天空看著兩人關係深厚的樣子，心生嫉妒，因此用風改變了圓盤的飛行方向。

因為這個傷勢，雅辛托斯因此

怒
真不甘心，
我要破壞那兩人的關係…
嘿呀！
銅製的圓盤
アハハハ
哈哈，扔得不錯喔，
雅辛托斯！
就是現在
轉彎
直擊
啊，慘了！
原本只想
戲弄一下…
別、別死啊！
雅辛托斯！
阿波羅悲痛欲絕。
這時從少年的鮮血中
開出了一株花朵，
日後，
這種花就被稱為風信子。
對不起…

喪失了性命。

●死亡與復活的象徵

因為熱愛的美少年之死而痛心欲絕的阿波羅悲嘆不已，這時從少年頭部流出的鮮血中，竟然開出了紅色的花朵。日後，這種花就以美少年雅辛托斯的名字得名，被人稱為風信子（Hyacinthus）。

初夏時節才剛綻放，立刻就會枯萎了，在隔年再次綻放時，又會比過去更加美麗。風信子也因此被視為死亡與復活的象徵。

當然，在這則神話裡提到的花，和現在我們所知道的風信子是不是同一種植物，就不得而知了。

阿芙蘿黛蒂的嫉妒

阿芙蘿黛蒂的祭典
阿芙蘿黛蒂
呵呵，這麼多人
都在敬拜我吧？
七嘴八舌
那是密耳拉…
竟敢在我的祭典放肆…
我要詛咒你…
一段時間後
每天晚上，喀倪剌斯王都會和一個不露臉的女子幽會
這個女子無論如何都不露臉
讓我看看
咦？
我想看你的臉
不、不行
我可是國王，快掀開
拉起
住手
欸？
密、密耳拉！
為、為什麼!?
我只愛父親一個人…
永別了，父親
你說什麼？給我等等！

與從樹木誕生的少年間的悲傷戀情

●比阿芙蘿黛蒂還更美麗？

賽普勒斯之王喀倪剌斯的家族代代都信奉阿芙蘿黛蒂。但是，某一天，公主密耳拉被家族中的某人稱讚「比阿芙蘿黛蒂女神還要美麗」，把這句話當真的密耳拉，因此在阿芙蘿黛蒂的祭典中有所怠慢。

阿芙蘿黛蒂相當生氣，於是就對密耳拉下了會愛上親生父親的詛咒。愛上父親而煩惱不已的密耳拉，在奶媽的幫助下，終於和父親發生了關係。

一段時間後，發現自己和女兒有染的喀倪剌斯，決定殺掉密耳拉。但是她逃往南阿拉伯一帶，在那裡化成了一棵沒藥樹。而阿多尼斯就從這棵樹之中誕生了。

因為近親相姦之罪而大受打擊的密耳拉，浪跡到南阿拉伯一代，化成一棵沒藥樹
不重視我的祭典就是這種下場…
然而
從那棵樹的裂縫出現了一個圓滚滚的男嬰
這個孩子的名字是阿多尼斯…
時光飛逝，阿多尼斯長成了一個俊美的少年
心動
意外的事發生了，阿芙蘿黛蒂對他一見傾心
阿多尼斯，我很愛你，所以我不在身邊的時候
不要跑去打獵喔
キッパリ
嗯！為了你，我絕對不會去的，絕對！
可是阿多尼斯後來還是打破了承諾，結果被一頭巨大的野豬襲擊了
ブヒーッ
ドドドド
グエ…
阿多尼斯你這個傻瓜！
傻瓜傻瓜大傻瓜！
阿芙蘿黛蒂傷心欲絕，而阿多尼斯的鮮血中則是開出了銀蓮花

阿多尼斯為何會死？

阿多尼斯長成了一個美少年，而阿芙蘿黛蒂竟然愛上了他。上方的漫畫有所省略，其實這時冥府的女王波瑟芬妮也喜歡上這個少年。

經過諸神的調停後，每年阿多尼斯要用3分之1的時間和阿芙蘿黛蒂度日、3分之1的時間則是和波瑟芬妮生活，而最後的3分之1則是屬於自己的自由時間。

只不過，即使是自由的時間，阿多尼斯還是待在阿芙蘿黛蒂的身邊。

妒火中燒的波瑟芬妮，便慫恿同為阿芙蘿黛蒂愛人的戰神阿瑞斯去報復。之後變身成巨大野豬的阿瑞斯，就藉機殺了阿多尼斯。

展現男子氣概的父親阿瑞斯

為了心愛的女兒，屹立在海神的面前

有一天，戰神阿瑞斯的女兒阿爾基佩突然哭得泣不成聲
オロオロ
ううう
怎、怎麼啦？乖女兒，發生什麼事了？
聽我說，父親，我被、我被人…
阿爾基佩！男人，是男人對吧！
哇啊啊啊啊
嗚喔喔喔！
阿爾基佩
調查後發現，得知是有個叫哈利羅提奧斯的傢伙玷汙了阿爾基佩
はっはっは
不可原諒！
去死
碰
嗚

● 宰了玷汙女兒的男人

雖然阿瑞斯貴為戰神，但是卻沒有給人留下如此強悍的印象。他不僅沒在戰場上贏過戰爭與智慧女神雅典娜，就連人類的戰士他也輸過好幾次。

不過，即便是這樣的阿瑞斯，也曾展現出作為父親那一面的強悍。

有一天，阿瑞斯的女兒阿爾基佩不知道被誰給侵犯了，引發喧然大波。憤怒的阿瑞斯找出了這個人，而且還把他收拾掉了。

然而，被阿瑞斯殺死的這個男人，其實就是海神波賽頓的兒子哈利羅提奧斯。因為孩子遇害，這次輪到波賽頓震怒了。

為了讓他付出代價，波賽頓主

自作自受…
兒子啊!!
!?
阿瑞斯，你把我兒子…
欸欸欸！波賽頓，這傢伙是你的兒子？
絕對不能原諒！
我要在大家面前好好公審你，你脖子洗乾淨點！
因為波賽頓的控訴，據說召開了世界最早的一場審判，結果…
無罪
碰碰
錯～愕
呼
參酌事件經過，阿瑞斯被無罪釋放。
之後，據說大家就會在「阿瑞斯之丘」這個地方召開審判庭

張要在眾神的面前審判阿瑞斯犯的罪。而祂的訴求也被應允了，神明們在哈利羅提奧斯遇害的山丘上召開審判庭。

在審判中獲判無罪

波賽頓又被稱為「海洋的宙斯」，和至高之神幾乎處在同等的位階。但是，即便提告者是如此強大的神，阿瑞斯還是沒有逃避審判，勇敢地站到大家面前。

這場審判裁定，因為哈利羅提奧斯有錯在先，因此阿瑞斯獲判無罪。自此之後，那個召開審判庭的山丘就被稱為「阿瑞斯之丘（Areios Pagos）」。

日後，這個地方也成為雅典貴族們進行政治評議、舉行審判的重要場所。

半人馬族的賢者

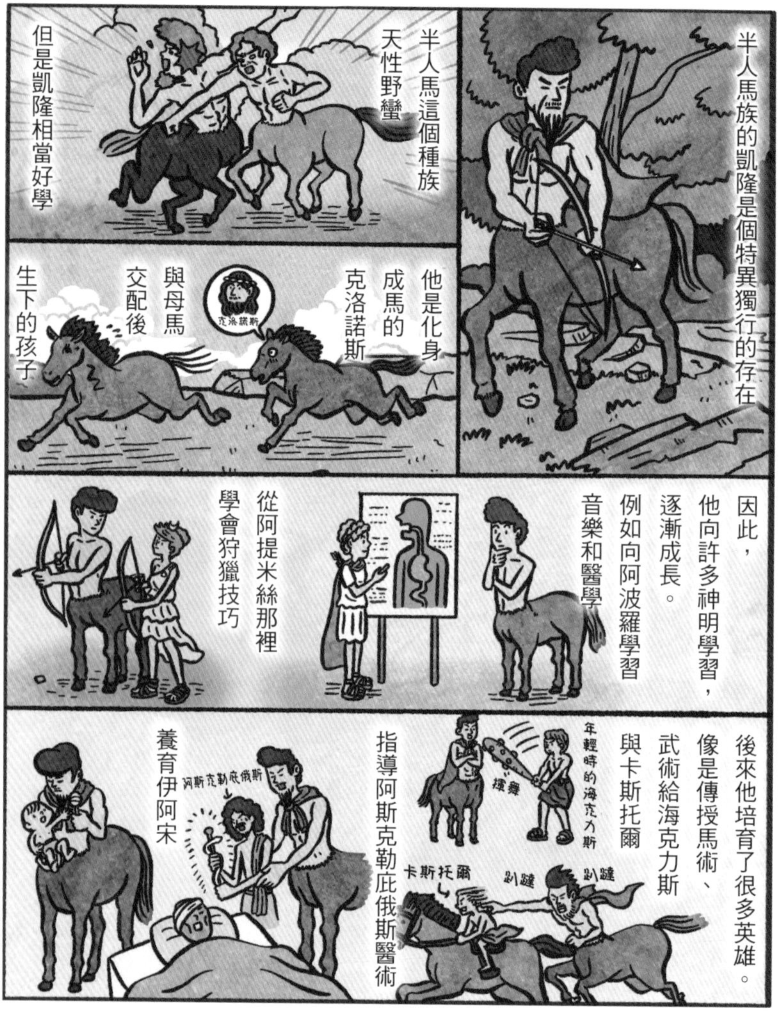

向神明學習，對人類傳授知識的凱隆

●不野蠻的半人馬

半人馬是一種半人半獸外觀的種族。他們上半身是人類，但下半身卻是馬的姿態。

他們大多好色嗜酒、個性粗暴，但其中也有例外、毫不野蠻的半人馬。最具代表性的存在，就是凱隆。

相傳，半人馬是人類和精靈之間的子嗣所孕育的後代。但凱隆卻和其他的半人馬不同，是泰坦神族的克洛諾斯跟女神菲呂拉的孩子。

據說克洛諾斯瞞過妻子雷亞，變身成一匹馬和菲呂拉發生了關係，才生下這個半人半馬的兒子。

因為這段特別的出身，讓凱隆被視為諸神的一份子。他從阿波羅那裡學會了音樂、醫學、預言的技

某日，凱隆捲入了海克力斯跟半人馬族的戰鬥
ドドドドドド
シュッ
嗚
糟、糟糕了！
老師！
ドスッ
海克力斯的箭頭抹了九頭蛇希德拉的劇毒
因為凱隆是不死之身，所以中毒的痛苦無法消去
老師！
宙、宙斯大人
ハァ ハァ ハァ
請將我的不死之身換給普羅米修斯…讓我解脫吧
普羅米修斯
嗯…雖然遺憾但也無可奈何
凱隆死去後，被宙斯升上天空成為射手座

能，並向阿提米絲習得狩獵的技巧。

● 直接指導英雄們

後來凱隆就待在希臘中部的派利翁山的一處洞穴，邊栽種藥草邊醫治病人度日。

同時，只要有人請益，他也很樂於指導對方。海克力斯和阿基里斯等英雄，都向他學過武術和馬術。

此外，據說名醫阿斯克勒庇俄斯的醫術也是由他所傳授的。因此，凱隆又被稱為「醫學始祖」。

某一天，凱隆不幸被捲入了海克力斯與半人馬之間的戰爭。他中了海克力斯射出的毒箭，被痛苦給折磨的，最後只求一死。因為對凱隆的死感到惋惜，宙斯便將他升上天空，成為射手座。

化成星星的卡利斯托與阿卡斯

→ 惹怒女神才被變成熊的精靈

卡利斯托是跟隨處女神阿提米絲的寧芙
當然，她自己也是處子之身，即使面對宙斯的示愛也無動於衷
我往這邊走
我知道了
卡利斯托
!?
您剛剛明明往那邊走的
嘿嘿嘿嘿
弓箭呢？
ボワン
是我啦
宙斯大人
沒關係啦
呀——ッ
不顧卡利斯托的抵抗，宙斯讓她懷上了孩子
最後卡利斯托生產了，但是……
不能容忍這種事！覺悟吧！
欸欸？
我!?
變成熊吧
啊
沒道理
變成熊後，她就在神殿旁的森林裡徘徊

●侍奉阿提米絲的精靈

阿提米絲是狩獵女神，同時也象徵處女特質與純潔的女神。精靈卡利斯托也宣示保持處子之身，隨侍在阿提米絲身邊。

然而，福禍相依，好色的宙斯看上了卡利斯托的美貌，強硬地和她發生了關係。結果卡利斯托懷孕了，生下了一個名叫阿卡斯的男孩。

知道這件事之後，阿提米絲勃然大怒。接著，為了懲罰失去處子之身的卡利斯托，阿提米絲便將她變成了一頭熊。

不過，關於這段故事還有另一派說法，認為是宙斯害怕卡利斯托懷上自己的孩子會惹怒妻子赫拉，才將她變成熊的。

時光飛逝
我阿卡斯在阿提米絲大人的養育下，成為厲害的獵人了！
哦！
好大的熊！
阿卡斯，我的孩子，你長大了！
奇怪，這頭熊在哭嗎？
嗚哇！糟糕了！
天上的宙斯目睹了這一幕
因為這樣殺了母親，實在可憐啊…對了，把母子倆都變成星座吧
フワー
フワワー
就這樣，卡利斯托和阿卡斯被宙斯變成了大熊座和小熊座
可喜可賀

總之，美麗的卡利斯托在變成熊之後，便在森林裡徬徨地徘徊。

因為宙斯的溫情而成為星座

時光飛逝，歲月如梭，阿卡斯已經成長為一個能獨當一面的獵人了。就在某一天，他射殺了一頭從森林裡竄出的熊。其實這頭熊，正是她變身後的母親卡利斯托。這裡也存在不同的論點，認為殺死卡利斯托的，是被赫拉唆使的阿提米絲。

宙斯憐惜卡利斯托，因此將她升上天空，成為大熊座，而其子阿卡斯，則是變成小熊座。

但是，世間也流傳著阿卡斯日後成為阿爾卡迪亞之王的傳承。

阿克泰翁的悲劇

某日，獵人阿克泰翁帶著50頭獵犬到森林打獵
呼…在這邊休息一下吧
喔喔！碰巧找到這麼美的泉水！
太幸運啦！
ゴクゴク
呼哈
得救啦！
ザバ

偶然路過卻惹怒了女神

在狩獵的歸途發現泉水

阿克泰翁是阿波羅之子阿瑞斯泰俄斯與底比斯之王卡德摩斯的女兒奧托諾厄所生的孩子。他接受了半人馬族賢者凱隆的培育，在其門下學習狩獵的技術。

有一天，阿克泰翁領著自己所訓練的50頭獵犬外出打獵。因為此趟出行大有斬獲，所以阿克泰翁為了讓獵犬們稍作歇息，便開始尋找泉水。

走了一段路後，阿克泰翁發現了一處湧泉，於是就在此處停下來喘口氣。不過，這處泉水其實是阿提米絲的聖地，剛好祂此時也因為狩獵後的疲憊，與隨從一行人在此沐浴。

對此一無所知的阿克泰翁一靠

欸
可惡！你這個可疑分子！
你頭上的弦月…莫非你是阿提米絲大人？我只是在這邊休息而已
住嘴！我要把你變成鹿！
ボン
あっ
小狗們！吃了這隻鹿！
ワン
バウバウ
ワンワン
ワンワン
!!
哎呀～
バウ
ワンワン
バウバウ
ワンワン
ゴゴゴゴゴゴゴ
啊，嚇我一大跳呢
倒楣的阿克泰翁就落得被獵犬們吃掉的下場

近泉水，就意外目睹了阿提米絲入浴中的裸體。

●裸身見人的女神展開復仇

發誓堅守純潔之身的阿提米絲，因為被人看到赤身裸體的自己而大發雷霆，接著，為了不要讓自己的裸體被人撞見一事流傳出去，祂就將阿克泰翁變成一頭鹿。

即使做到這種地步，女神的憤怒還是無法平復。祂還命令阿克泰翁帶領的50頭獵犬群起獵食已經變成鹿的主人。

在那之後，阿克泰翁的獵犬們為了找尋主人，一路來到凱隆的家門前。凱隆看到這一幕，就得知徒弟已經死去了，於是便打造了一尊和阿克泰翁極為相像的雕像，藉此安慰他的獵犬們。

獵戶座誕生的秘密

俄里翁是一個擅長狩獵的巨人，他經常和阿提米絲一起外出打獵
好厲害
這麼龐大的野豬竟然能一擊就打倒牠
因為
有阿提米絲大人陪在我身邊的關係啊
俄里翁你真是的
ドキドキ
阿、阿提米絲大人
…
知道我妹妹是純潔的女神竟然還敢對祂出手…
ゴゴゴゴ
這個巨人不可原諒，我要拆散這兩個人
然後，就在某一天…

純潔女神的初戀讓兄長燃起妒火……

●處女神阿提米絲之戀

波賽頓有個巨人兒子俄里翁，他很擅長狩獵。雖然狩獵女神阿提米絲宣誓堅守處子之身，但是祂很欣賞俄里翁的狩獵技術，因此兩人的關係也變得越來越好。

眾神之間都流傳著這兩人有一天肯定會結婚的傳聞，但是裡頭有一位神明對這件事並不樂觀其成，祂就是阿提米絲的雙胞胎哥哥阿波羅。

箇中原因，據說是阿波羅厭惡俄里翁粗暴的性格，又或者是祂希望守護妹妹的貞潔。無論是什麼理由，阿波羅都準備籌劃破壞這兩人關係的計策。上面的漫畫有所省略，阿波羅先是派出蠍子把俄里翁追趕到海邊。

俄里翁正在渡海，只有頭部露出水面
就是現在！
妹妹，就算你的弓術很強，也射不到那座島嶼吧？
真失禮，我當然行
看好囉
命中
你看
グラッ
嗯？那是血…
啊！
該不會是，俄、俄里翁!?
不要啊～～
うわあああ
因為親手殺了俄里翁，阿提米絲悲慟不已…之後俄里翁被升上天空，成為星座之一
計畫成功

接著，祂把阿提米絲叫過來，對祂的弓術嘲諷了一番，接著又指著浮出水面的俄里翁頭部，挑釁地說：「你有辦法射中那座小島嗎？」

中了激將法的阿提米絲因而射出一箭，結果那支箭準確地命中了俄里翁的頭部。

成為星座留在天空

到了隔天，阿提米絲才察覺自己竟然親手殺了戀人，於是便向父親宙斯懇求，希望祂能讓俄里翁復活。然而，讓死者復活這件事是不被允許的。

不過，宙斯為了安慰阿提米絲，就把俄里翁升上天空，成為獵戶座。而且，當時那隻追趕他的宿敵蠍子也成為星座，繼續在天空追逐著獵戶座。

擊殺阿爾戈斯的荷米斯

宙斯正在和愛人伊俄調情嬉戲
等等～♡
哈哈，如果你太太來了怎麼辦？
誰知道，管他的！
欸欸，赫拉！
老婆你怎麼啦？
沒事
只是有你又要外遇的預感
我、我在追著牛玩啦
糟、糟了
咦～「牛」啊。確實長得不錯，可以給我嗎？
當、當然啦
欸欸!?
赫拉命令巨人阿爾戈斯監視那頭母牛
阿爾戈斯毫無視線死角，只有一部分的眼睛會睡覺，可說是全天都毫無破綻
好可怕呀
顫抖

用笛子讓巨人沉睡，再斬斷頭顱

● 擁有百隻眼睛的巨人

荷米斯是宙斯和女神邁雅的孩子，也是傳令之神。在神話中，他肩負著宙斯忠實使者的任務，相當活躍。擊殺阿爾戈斯也是他的功勞之一。

某日，宙斯和一個名叫伊俄的美女調情。察覺異狀的赫拉跑去找丈夫確認，但宙斯竟然將伊俄變成一頭美麗的母牛，宣稱自己只是很喜愛這頭牛而已。

但赫拉早就看穿了宙斯的謊言，暗中籌劃了一個對策。她強硬地把母牛從宙斯身邊帶走，並且指派百眼巨人阿爾戈斯去看守這頭牛。

阿爾戈斯全身共長了100隻眼睛，即使睡覺的時候也只有一部

嗯嗯…
對伊俄真是抱歉啊
要躲過阿爾戈斯的視線把伊俄帶回來，需要高超的技術
荷米斯是傳令和盜賊之神
也擅長欺瞞別人，是個智勇兼備的神祇
那麼我出發囉
荷米斯，你去打倒阿爾戈斯吧
好的！任務收到！
嘿～阿爾戈斯！工作辛苦了！你有空吧？我們聊聊吧
？
所以啊，那個大叔就……
好…無聊
我很擅長吹笛子喔
ピーヒョロロ
忍…不住了
想…睡
ピーヒョロロ
ギャ
ズバッ
得…得救了
嘿呦
荷米斯成功地切斷了阿爾戈斯的首級

分的眼睛會休息，就擔綱一個看守者來說是最適合不過的角色了。

雖然他的外表很恐怖，不過曾經奉神明的命令前去討伐怪物艾奇德娜，也曾打倒暴衝的牛，留下許許多多的成績。也就是說，他算是諸神的侍從。

躲過監視的傳令之神

必須將赫拉帶走的伊俄搶回來，於是宙斯就把這項任務交給祂相當信賴的荷米斯。

為了在阿爾戈斯那滴水不漏的看守中找到突破點，荷米斯想到一個主意，就是利用葦笛的音色讓阿爾戈斯闔上所有的眼睛。等到有機可乘的時候，就用劍斬斷阿爾戈斯的頭。最後伊俄順利被救了出來。

從這個事件之後，荷米斯也開始被人以「阿爾戈斯殺手」這個暱稱來稱呼。

狄密特的流浪之旅①

豐饒之神狄密特，是奧林帕斯十二神之一
祂非常疼愛與宙斯生下的女兒波瑟芬妮
有一天，波瑟芬妮正在花田裡摘花
哎呀
哇！好美的水仙！
竟然長在這裡
ドドドド
パキパキ
ドドドドドドド
咦！
呀～
誰來救我啊！

追尋波瑟芬妮，朝黑帝斯所在的冥府前去

●宙斯的姊姊與祂的女兒

豐饒女神狄密特是泰坦神族的克洛諾斯與雷亞所生的女兒，祂也是宙斯的姊姊。但是，在宙斯的勉強之下，祂懷上身孕，生下了名叫波瑟芬妮的女兒。

因為這段經過，狄密特對宙斯並沒有什麼好印象，但對於自己懷胎生下的女兒卻是盡其所能地疼愛，撫養祂長大。

祂的愛女波瑟芬妮，有一天在原野上和歐開諾斯的女兒們一起摘花，結果發現了一株相當美麗的水仙。

就在波瑟芬妮要伸手摘這朵花的瞬間，大地突然裂出一條縫，乘著黑馬的黑帝斯從裡面出現了。接

啊？
波瑟芬妮？
在哪裡呢？
剛剛好像聽到尖叫聲
波瑟芬妮～！
因為到處都找不到女兒，狄密特不眠不休地持續在世界各地找了9天之久
海利歐斯！你有看到我的女兒嗎？
咦？
波瑟芬妮嗎？
太陽神海利歐斯
嗯～欸…這個嘛…
你知道對吧！快告訴我！
嗯哼！
宙斯！
狄密特，最近好嗎？
該不會是你吧！
欸？不不，跟我無關
那是誰？
嗯～應該是黑帝斯那傢伙吧。
祂不是單身嗎？
モジモジ
因為差不多也是時候該找個老婆了吧，所以我就推薦波瑟芬妮給祂。所以現在祂們兩個都在冥府…
啊？
繼續

著祂便將波瑟芬妮給帶往冥府。

● 離開奧林帕斯

一段時間後，狄密特才察覺愛女行蹤不明，後來祂也從太陽神海利歐斯那邊得知了女兒是被黑帝斯拐走的消息。

於是，狄密特跑去向眾神的領導者，同時也是波瑟芬妮父親的宙斯抗議。只不過，在背地裡促成這件事的，竟然就是宙斯，祂還表示「以黑帝斯的冥府之王身分，很適合當女兒的丈夫」。

這番毫不負責任的言論激怒了狄密特。因此，憤怒到了極點的狄密特，毅然決然放棄了豐饒女神的職責，離開了奧林帕斯。因為祂的這個決定，讓巨大的災難因而造訪了人類的世界。

狄密特的流浪之旅②

遭受重大打擊的狄密特離開了眾神所在的世界
浪跡世界各地，最後在一個名為埃萊夫西納的地方建立了神殿，躲在裡面隱居
因為豐饒女神沒有盡到自己的職責，
這個世界的農作物都變得無法成長
嗯嗯…這可真是傷腦筋呀
不好意思，要麻煩荷米斯你去傳個話了
了解
宙斯大人給您的訊息，希望能將波瑟芬妮還給狄密特大人
我老婆？
嗯嗯…
スピー スピー
真沒辦法…別哭了，波瑟芬妮，你回地上去吧。把這個石榴吃了，打起精神來
咦？可以嗎？
シク シク
真抱歉
ポリ ポリ
吃下石榴的波瑟芬妮，此時還不知道黑帝斯設下的陷阱…

失去女兒的狄密特，因而離開了天界，開始過起浪跡世界各地的生活。

但是，因為豐饒女神放棄了自己的任務，大地上的農作物都無法生長，呈現一片荒蕪的景象。

對如此嚴峻的狀態感到頭疼的宙斯，派遣彩虹女神伊麗絲前去拜訪狄密特，試圖說服祂。

但是狄密特卻回答：「在我的女兒回來之前，我絕對不會回到奧林帕斯。」一籌莫展的宙斯，只好指派荷米斯為使者，前往冥府拜託黑帝斯將波瑟芬妮送回來。

另一方面，被強行帶往冥府的波瑟芬妮，成天以淚洗面。面對這樣的波瑟芬妮，就連黑帝斯也感到無可奈何，不知該如何是好。

於是，黑帝斯也答應了宙斯提出的建議。波瑟芬妮就這樣回到了地面上，狄密特也因此重拾笑容，回到自己的工作崗位。大地又再次

波瑟芬妮!!
你沒事吧!!
我回來了，好想見您啊，母親！
真是太好了！
啊
クラッ
波瑟芬妮！你怎麼了？
臉色好難看
喔喔喔，黑帝斯那傢伙讓波瑟芬妮吃了什麼吧…
欸!?
這樣波瑟芬妮…波瑟芬妮祂會…
有個規矩是，只要你吃了冥府的食物，就必須再回到冥府
我看這樣好了！每年有3分之1的時間讓祂回去冥府、待在黑帝斯的身邊
然後剩下時間的3分之2就讓你們母女倆一起生活
這樣的話大家都能接受吧？
意外寬鬆的規矩呢…
此後，波瑟芬妮和狄密特生活的期間，草木會順利成長
當祂回到黑帝斯身邊的時候，狄密特會感到消沉，冬天也因此來臨

恢復生氣勃勃的氣象。

● 一旦吃下了冥府的食物…

然而，波瑟芬妮待在冥府的時候，已經吃下了冥府的石榴。只要吃下冥府的食物，這個人就會屬於冥府，這個規矩就連貴為眾神領導者的宙斯也無法破壞。

根據規矩，波瑟芬妮會因為吃下的石榴量決定祂得待在冥界多長的時間，因此每年有3分之1的日子，祂都是黑帝斯的妻子。即使狄密特勉勉強強地答應了這個條件，但是在女兒回到冥府的日子，祂也會因為惆悵而停止大地草木的成長。

據說這就是冬天的起源，自此之後，四季更迭便在這個世界誕生了。

「雅典」的由來

諸神在劃分地上的支配權時，雅典娜跟波賽頓都想將阿提卡一帶納為自己的領地，彼此互不相讓
ゴゴ
ゴゴ
ゴゴゴ
那麼，我們就以誰能為阿提卡人民帶來恩惠來一決勝負吧
好啊，誰贏誰就是所有者
許多神明都因此聚集在奧林帕斯的山丘上
ワイワイ
がやがやがや
由波賽頓先開局
嗚喔喔喔喔
嘿呀ーッ

戰勝波賽頓的戰爭與智慧女神

波賽頓與雅典娜的競爭

現今希臘共和國的首都雅典的古名「Athēnai」是古希臘的城邦，如同其名，這裡奉女神雅典娜為守護神。

只不過，這座城市可不是一開始就屬於雅典娜的，而且起初也沒有「Athēnai」這個城邦，那裡當時是被稱為阿提卡的一片土地。

某一天，為了爭取這片土地的支配權，波賽頓和雅典娜展開了競爭。

根據討論後的結果，便決定讓波賽頓跟雅典娜各自贈與阿提卡居民一份禮物，由禮物的高下來判斷由誰出任這片土地的守護神。

啪浛……
看到沒？這是波賽頓的象徵，鹽水泉喔！
ドバーーッ
おお！
どよどよ
鹽水啊～
能喝嗎？
能打仗嗎？
能培育作物嗎？
欸
換我了…
サアーッ
ドッ
在雅典娜刺穿的地方，長出了世界第一棵橄欖樹
而且果實很好吃呢！
なんだこれは
ニョキ
ニョキ
モグ
モグ
雅典娜獲勝了！
不管什麼戰役都會獲勝!!
之後雅典娜治理的這片土地就被稱為「雅典」

鹽水泉？橄欖樹？

波賽頓先以三叉戟敲擊地面，隨即從大地湧出了鹽水泉。接下來，雅典娜則是讓大地長出了一棵橄欖樹。

大家開始比較這兩份禮物的優劣高低，結果橄欖樹獲得了比較高的評價，因此這塊土地便納入雅典娜的麾下。接著，人們就在這裡興建了「Athēnai」這座城市。只不過，波賽頓並不能接受這樣的結果，祂引發洪水、襲向這座城市。

此時宙斯介入協調，最後在「Athēnai」的山丘地帶建設雅典娜的神殿，然後於阿提卡半島最南端的蘇尼恩岬蓋了波賽頓的神殿，讓雙方達成和解。

從今以後，「Athēnai」展開了迅速地發展，最後雅典城邦就這麼誕生了。

自戀的納西瑟斯

有個名叫厄科的寧芙
因為她協助宙斯的外遇行徑，被赫拉降下詛咒
請告訴我路怎麼走
…怎麼走
她不能自己開口，就連回答也只能重複對方話語的語尾，是相當嚴苛的詛咒
好痛苦…我想說話
這時，她和一個青年相遇了
他是納西瑟斯
好俊美的人啊！
ドキ ドキ
ドキ ドキ
ドキ ドキ
ドキ ドキ
好想說，我想告訴他自己的心意
但是厄科受限於詛咒，完全說不出口
反倒遭到對方的冷漠對待
什麼？
什麼？
這人怪怪的
一句就好，想告訴他我的心意
厄科感到身心俱疲…
最後只剩下聲音存在於世上
想告訴他…想告訴他…想告訴他…
咻～～

對映照在水面的臉傾心不已

●森林寧芙厄科的悲劇

美少年納西瑟斯因為自己的俊美而趾高氣昂，侮辱了阿芙蘿黛蒂，因此被施以了「誰都無法擁有納西瑟斯」的詛咒。

但有個森林寧芙厄科，為這樣的納西瑟斯墜入情網。然而，因為她曾協助宙斯在外偷情，招來了赫拉的憎恨，從此變得一開口就只能重複別人的話語。

厄科嘗試接近納西瑟斯，但兩人卻無法進行對話，還被對方回了一句「無聊」，就被拋下了。悲傷至極的厄科，身形從此消失得無影無蹤，只剩下聲音，以回聲的形式存在於世界上。

被冷淡的態度所激怒的，還有降下懲罰的復仇女神涅墨西斯。涅

雖然納西瑟斯很受歡迎，但是即便被人示好
キャー
キャー
キャー
他總是冷漠以待
有個心結難解的寧芙向復仇女神祈求
我好不甘心！
請為他降下戀情無法實現的詛咒！
……
休息一下
這是？
好、好美…
納西瑟斯見到水面上映照出的面孔，竟然愛上了自己
我喜歡你！愛上你了！
即便對水面上的青年說話，對方也依然沒有回應，當然也觸碰不到他
我要死了嗎
成為我虛無之戀對象的青年啊…永別了…
此時，有個聲音伴隨著風從某處傳來
成為我虛無之戀對象的青年啊…永別了…永別了…永別了…
那是厄科想傳達給他的最後話語…

墨西斯對無法愛上他人的納西瑟斯，又施以只能愛著自己的詛咒。

順帶一提，各位唱卡拉OK時的麥克風相關詞彙「Echo」，也是經由這段神話故事而得名。

●美少年所愛上的人是？

涅墨西斯把納西瑟斯叫到泉水邊，就在他彎下腰準備飲水時，看到水面上出現了一個俊美的男子。其實那就是映照在水面上的自己。只能愛著自己的納西瑟斯，就這麼愛上了水中的那個身影。

在那之後，他根本無法離開泉水邊，之後身體越來越瘦弱，最後體力不支死去。納西瑟斯死後，水邊綻開了水仙花。而水仙花的學名，也是由他的名字而來的。

希臘神話事典 1

武器與道具

在希臘神話中，每逢關鍵局勢，
諸神都會使用各種武器或道具。
這個單元就要介紹它們各自的特色。

No. 01 雷電

雷電這個武器不但是宙斯的象徵，也可說是這位神明的力量來源。

在眾神明的武器之中，雷電被認為是最強的一個，只要將閃電投出去，相傳能夠在一瞬間把整個宇宙都燃燒殆盡。

在眾神與克洛諾斯率領的泰坦神族展開的泰坦之戰中，起初宙斯陣營也經歷一番苦戰的局面。但是，等到被幽禁的獨眼巨人賽克洛普斯被釋放後，他就向宙斯獻上雷電作為謝禮。獲得這項武器的宙斯，最後在這場戰役中獲得了最後的勝利。

擁有能夠破壞一切事物、威力超群的雷電，是宙斯最強大的武器。

No.02 adamas鐮刀

克洛諾斯將父親烏拉諾斯流放、奪得眾神之王的寶座，所仰賴的就是這把adamas鐮刀。

在希臘語中，adamas這個詞彙意味著「無法征服」，有另一種論點認為它的真面目其實就是鑽石。

這把鐮刀之後也成為宙斯的所有物，在迎戰有希臘神話中最強怪物之稱的堤豐時，它也沒有缺席。

另外，相傳英雄珀爾修斯斬落蛇髮女妖梅杜莎的頭顱時，使用的也是這一把鐮刀。

刀刃的部分銳利至極，據說沒有它砍不斷的東西。

No.03 埃癸斯

埃癸斯，是擁有能夠排除一切邪惡或災厄的除魔能力、為眾神所仰賴的防具，它是由鍛造之神赫菲斯托斯所打造出來的。一般的觀點認為它是一副盾牌，但也有人認為是肩甲或胸甲之類的防護裝備。

一開始它是被宙斯持有，因為有時會借給女兒雅典娜，到後來就逐漸被視為女神雅典娜的防具了。

之後，這副盾牌還被鑲嵌上了只要對上視線、就會被石化的蛇髮女妖梅杜莎的頭顱。

不管是什麼樣的攻擊都能擋下盾牌，在鑲嵌了梅杜莎頭顱之後，威力也變得更加強大了。

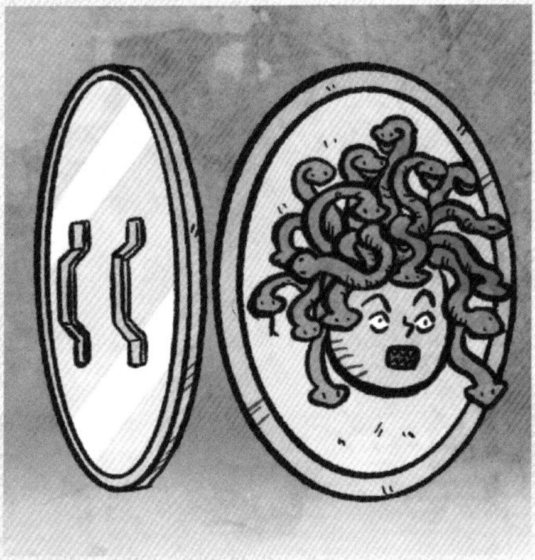

No. 04 光輝與恐懼

相傳宙斯會身穿一副名為「光輝」、閃耀著光芒的鎧甲。

宙斯曾和人類美女塞墨勒發生外遇，她被女神赫拉唆使，向宙斯要求要看祂的真身，最後被炫目的光芒灼燒，失去了性命。當時宙斯身上所穿的，或許就是這副「光輝」鎧甲也說不定。

此外，宙斯還擁有另一套喚做「恐懼」的鎧甲。這件裝備是在跟巨人族展開的巨人之戰期間使用的。

宙斯擁有兩套鎧甲，雖然都是防具，但都蘊藏著神秘的力量。

No. 05 黃金的口銜

英雄貝勒羅豐馴服長有雙翼的天馬佩加索斯時，使用了這副黃金口銜。

為了打倒怪物奇美拉，貝勒羅豐向雅典娜尋求協助，而女神就將一副黃金的口銜賜給這位英雄。

據說貝勒羅豐藉由這副黃金口銜的能力，在琵瑞涅泉馴服了天馬佩加索斯。

貝勒羅豐騎著天馬，從天空中對奇美拉展開攻擊，最後出色地達成了擊退怪物的使命。

能夠駕馭任誰都無法馴服的天馬，在口銜的力量之下，連天馬也得乖乖聽話。

No.06 涅墨亞獅子的毛皮

涅墨亞的食人獅是個擁有刀槍不入堅硬毛皮的怪物。英雄海克力斯最後以絞殺的方式擊敗了這頭怪物，祂以獅子的銳爪剝下了毛皮，製作成一件能防護所有武器攻擊的防護裝備。

從此以後，涅墨亞獅子的毛皮就成為英雄海克力斯的招牌象徵，陪伴祂穿梭在各式各樣的冒險之中。

順帶一提，被海克力斯打倒之後，涅墨亞的食人獅也被升上天空，成為獅子座。

一眼就能看出祂打敗過獅子，保暖機能當然也是相當完善。

No.07 飲料無盡之壺

有一天，宙斯和傳令之神荷米斯裝扮成窮困的旅人展開了一段旅行。看到兩人襤褸的衣裝，不管是哪一戶人家都緊緊地關上大門。只有在一個名為佛里幾亞的鎮外，有對住在那裡的皮雷蒙和鮑吉絲老夫婦樂意接待祂們。

兩人不但慎重，還熱情地提供食物，並且拿著壺為宙斯和荷米斯倒飲料。然而，不管夫婦倆怎麼斟滿杯子，壺中的飲料卻絲毫沒有減少。對此相當驚訝的老夫婦，這時才意識到眼前的旅人非但不只是一般人，而且還是神明。

不管倒了多少，裡面都會有無限的飲料湧出。這是盛情款待神明後獲得的祝福。

No. 08

阿基里斯之盾

特洛伊戰爭時，以希臘軍陣營武將大為活躍的阿基里斯，有一次將祂愛用的防具借給好友帕特羅克洛斯。

但是，帕特羅克洛斯敗在特洛伊的戰士赫克托爾手下，身上的防具也被當成戰利品給奪走了。

這時，阿基里斯的母親忒提斯委託鍛造之神赫菲斯托斯，請祂打造一副特製的圓形盾牌。為了替好友報仇，阿基里斯手持這副盾牌上陣，成功擊敗了赫克托爾。

特洛伊戰爭時，希臘陣營的英雄阿基里斯愛用的盾牌。祂都是手持這副盾牌踏上戰場的。

No. 09

三叉戟

象徵海神波賽頓的武器，就是前端分出三叉的長戟。這項武器有個名字，名叫「Trident」。

如同宙斯持有的雷電，這把三叉戟也是泰坦之戰時由獨眼巨人賽克洛普斯打造的謝禮。

波賽頓使用這把三叉戟，在戰場上擊退了泰坦神族陣營。

這把三叉戟刺到的地方，立刻就會湧出泉水，此外據說還能靠它引發地震。波賽頓就憑藉這把武器，支配著整個海洋。

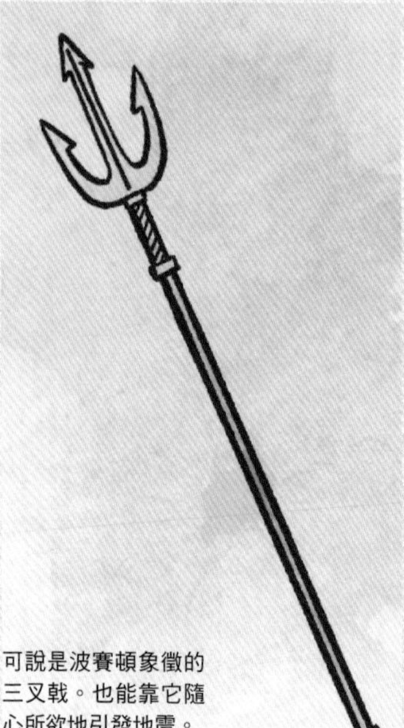

可說是波賽頓象徵的三叉戟。也能靠它隨心所欲地引發地震。

No.10 阿芙蘿黛蒂的寶帶

美麗與愛慾的女神阿福蘿黛蒂，在希臘神話登場的眾多女神裡頭，是最美的一個女神。只要被她誘惑，神明也好、人類也罷，只要你是男性，就很難抵擋祂的魅力。

讓阿芙蘿黛蒂魅力大增的，就是祂披在身上的那條寶帶。因為這條帶子上灌入了「愛」、「憧憬」、「慾望」，因此能夠輕易地征服神明和人類的心。

只要是男性，不管是神祇還是人類，任誰都無法抵抗阿芙蘿黛蒂在這條寶帶的加持下所倍增的魅力。

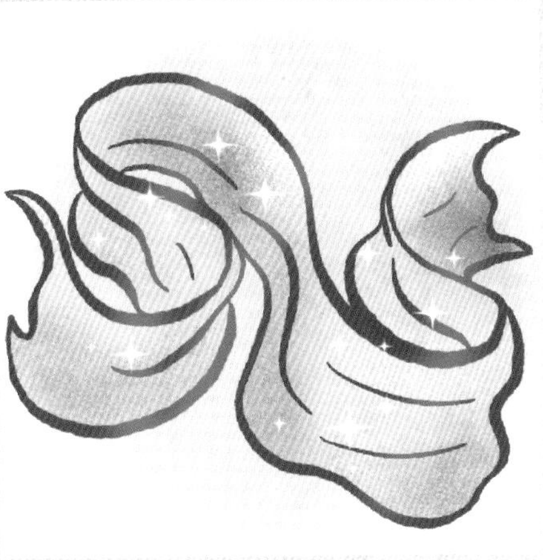

No.11 黃金的椅子

因為受到母親赫拉的冷漠對待，有一天赫菲斯托斯便打造出一把鑲嵌寶石、極盡奢華的黃金製椅子，並且送到赫拉的身邊。

赫拉對這張美麗的椅子大為讚賞，但是一坐上去之後，身體就立刻被束縛住了，絲毫不能動彈。原來這把椅子被添加了機關在上頭。

赫菲斯托斯提出的解封條件，就是赫拉必須承認自己是祂的孩子。之後這位鍛造之神也在宙斯的撮合下，和阿芙蘿黛蒂成婚了。

鍛造之神赫菲斯托斯為了設計母親而製作的椅子。上面添加了機關。

No. 12【無形鎖】

因為察覺妻子阿芙蘿黛蒂和戰神阿瑞斯有染，鍛造之神赫菲斯托斯就打造了這條看不見（有一說認為是如同絲線般那麼細）的鎖鏈。

對此毫不知情的兩位神，準備在床上親熱時，鎖鏈隨即發動，將赤身裸體的兩人緊緊捆住。像是不讓祂們逃跑一般，鎖緊緊地咬進兩人的身體，最後落入一動也不能動的狀態。

這時赫菲斯托斯出現了，據說祂還高聲把其他神明都叫過來，讓妻子與祂的偷情對象成為大家的笑柄。

為了逮到妻子外遇的證據，赫菲斯托斯打造了這條鎖鏈。一旦被抓住就無法逃脫了。

No. 13【青銅巨人塔羅斯】

相傳在克里特島，有一具名為塔羅斯、守護該島嶼的青銅巨人。它是由赫菲斯托斯所製造的，每天會在整座島上巡邏3次，只要有船隻靠近，還會丟擲石頭破壞它們。

除此之外，它的身體還會散發高熱，只要觸碰對手就能燒死敵人。

這具自動人像的體內有一條流著神血的血管，傳聞只要放掉裡面的神血，塔羅斯就會停止運作。

順帶一提，世間也流傳著塔羅斯其實是由身形巨大的人類所變化而成的傳說。

守護克里特島的巨大青銅人像。只要發現登島的入侵者，就會隨即展開驅逐行動。

No. 14 塔拉利亞

傳令之神荷米斯腳上穿的，是一雙被稱為塔拉利亞、長有一對羽翼的黃金涼鞋。這雙魔法涼鞋也是由赫菲斯托斯製作，只要穿上它，就能以凌駕於任何鳥類的飛行速度，在空中翱翔。

英雄珀爾修斯在迎戰蛇髮女妖梅杜莎的時候，也曾借來這雙涼鞋，朝著怪物的巢穴前進。

除此之外，荷米斯的頭上還戴著一頂名喚佩塔索斯的有翼帽子，但這頂帽子好像沒有蘊藏任何的魔法力量。

生有一對翅膀的涼鞋。傳令之神荷米斯的所有物，穿上它就能在天空中飛行。

No. 15 隱形頭盔

統治冥府的黑帝斯，擁有一頂只要戴上去就能讓身體隱形的頭盔。和宙斯的雷電、波賽頓的三叉戟一樣，隱形頭盔也是泰坦之戰時期由獨眼巨人賽克洛普斯獻上的謝禮。

據說當時黑帝斯藉由這頂頭盔之力讓身影消失，藉機奪走泰坦神族的武器。

另外，巨人之戰時，傳令之神荷米斯也借來這頂頭盔，和巨人對戰。至於珀爾修斯討伐梅杜莎時，也借助過它的力量。

冥府的支配者黑帝斯所擁有的頭盔。只要戴在頭上，不管是誰都能讓身影消失得無影無蹤。

No. 16【哈耳摩尼亞的項鍊】

阿芙蘿黛蒂和阿瑞斯偷情所生下的女神哈耳摩尼亞，後來和人類英雄卡德摩斯結婚了。舉辦婚宴時，鍛造之神赫菲斯托斯送了祂一條親手製作的美麗項鍊。

雖然這條項鍊會幫佩戴者帶來美麗與氣質，但其中其實也灌注了赫菲斯托斯對阿芙蘿黛蒂的外遇所萌生的恨意。因為這個緣故，相傳哈耳摩尼亞的子孫，每一個都死於不幸。

能夠為擁有者帶來美麗與氣質，但不幸也會同時造訪的詛咒項鍊。

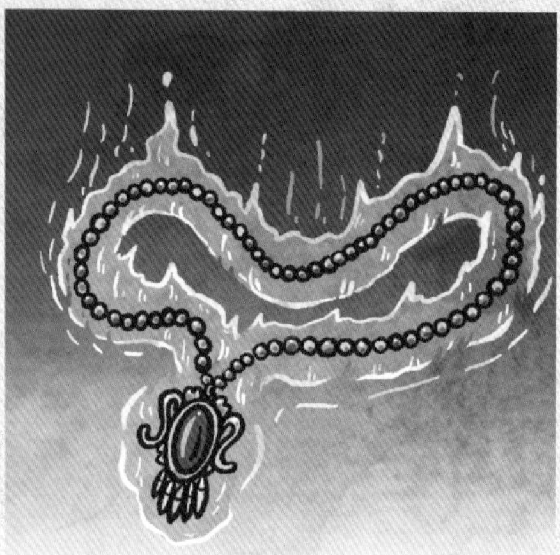

No. 17【黃金的蘋果】

在希臘神話的傳承中，和黃金蘋果有關的神話故事一共有3篇。其中之一，就是位於世界盡頭的赫斯珀里得斯園中存在著黃金蘋果樹，只要吃下上面的蘋果就能獲得永生不死。

這些蘋果是由百頭龍拉頓所看守，而海克力斯將拉頓打倒後，取得了黃金蘋果。

其他還有希波墨涅斯和亞特蘭妲成婚的神話，以及成為特洛伊戰爭爆發原因的那場帕里斯的審判中，黃金蘋果都有登場。

吃下去就能獲得不死之身的魔法蘋果，由擁有100顆頭的巨龍拉頓所看守。

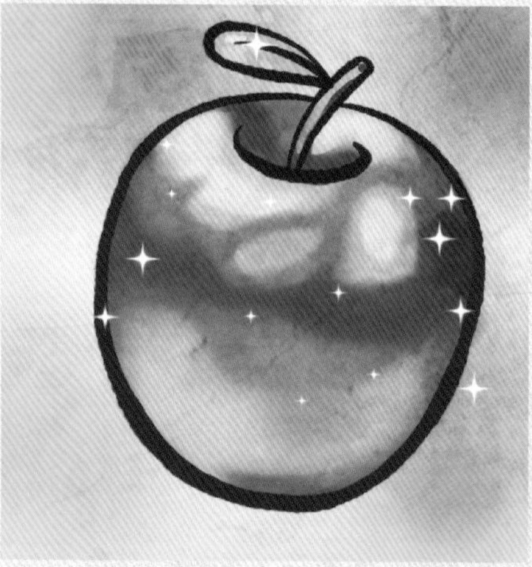

No. 18

【Nektar與Ambrosia】

「Nektar」指的是希臘神話中眾神明所飲用的酒。其中含有豐富的滋養成分，相傳只要喝下就能讓自己不老不死。

另一方面，「Ambrosia」則是神明的食物，人們認為吃下去之後也能獲得不死的能力。此外，有論點認為它也能製成藥膏來塗抹使用。

泰坦之戰期間，宙斯將這些神明的飲食賜予獨眼巨人賽克洛普斯和百臂巨人赫卡同克瑞斯，讓他們成為我方的夥伴。

Nektar是喝了能不老不死的諸神之酒，Ambrosia則是能獲得不死之力的諸神食物。

武器與道具的小知識

現今還留存著的武器與道具名稱

希臘神話裡，留下有很多眾神活用自身特殊能力的故事，相對來說，武器和道具就不是那麼搶眼。

不過，因為希臘神話成為日後西方文明的基礎，所以那些武器和道具的名稱也被流傳到現世，很多還成為武器的名稱。

舉例來說，美國海軍所使用的艦隊防空系統「神盾（Aegis）」，就是將神盾「埃癸斯」轉為英語發音而來。

同樣是美國海軍使用的艦隊防空導彈，就被賦予了「塔羅斯」之名。除了這些以外，由潛水艇所發射的彈道導彈也被冠上「三叉戟」這個名稱。

與其他神話的共通點②

神明引發的大洪水

希臘神話和流傳在各地的神話故事，都存在著好幾個具有共通要素的故事。如果要舉出一個最具代表性的例子，就是關於大洪水的故事了。

希臘神話中的「丟卡利翁的洪水」，就是宙斯為了懲戒缺乏信仰的人類，所以引發一場大洪水讓人類滅絕的故事。

其中只有普羅米修斯的兒子丟卡利翁接到父親的警告，打造了一艘方舟，讓他和妻子得以獲救。據說世上的新一代人類，就是由丟卡利翁夫婦所孕育的。

這段故事和舊約聖經裡的「諾亞方舟」相當神似。

另外，類似的神話也在古美索不達米亞的『吉爾伽美什史詩』以及印度流傳的印度教神話裡發現它們的蹤跡。

有說法認為，那段故事原本就是紀元前3000年左右，美索不達米亞地區發生大洪水的紀錄。

除了前述的內容以外，將前一世代的神打倒、由新世代的神明掌握霸權，這類的故事也都在希臘神話和北歐神話中出現過。

17世紀時，由義大利的斯提法諾·德拉貝拉所描繪的丟卡利翁
（美國大都會藝術博物館館藏）

EPISODE 3

英雄的故事

希臘神話中，並不只有眾多的神明，還有許多人類的英雄登場。神話在他們的活躍之下迎來了終局，詳情又是怎麼回事呢？

海克力斯的十二項考驗①

海克力斯是宙斯
和阿爾克墨涅的兒子
赫拉對於宙斯外遇所生下來
的海克力斯相當怨恨，
因此詛咒他發瘋
讓海克力斯用弓箭
一一射殺妻子與孩子
嗚喔喔喔喔喔
我到底做了什麼！
為了贖罪，海克力斯前來
為邁錫尼之王歐律斯透斯效力
但歐律斯透斯
很討厭海克力斯
海克力斯啊，接下來
我要指派任務給你
好的
首先去涅墨亞的森林
殺了裡面那頭凶暴的獅子，
把皮給剝下來！

為了贖罪，前往打倒難纏魔物

原本應該成為國王的海克力斯

海克力斯是邁錫尼城邦之王、英雄珀爾修斯的子孫，原本祂應該也要成為邁錫尼的統治者才對。

只不過，因為祂是宙斯偷情所生下的子嗣，燃起嫉妒之火的赫拉從中作梗，以自己的力量讓海克力斯的出生延遲了。這樣一來，珀爾修斯的另一個子孫歐律斯透斯就先出世了。

也因為這樣，歐律斯透斯成為邁錫尼的國王。也就是說，海克力斯不但沒有登上王位，還反倒居於侍奉兄弟的立場。歐律斯透斯王還指派了10項任務，命令祂去完成。

第一項任務，就是去擊退涅墨亞森林的食人獅子。這頭獅子擁有一身刀槍不入的強韌毛皮。於是，

幾天後
我打倒牠了
什、什麼!?
你身上披的東西是…
沒錯，就是那頭獅子的毛皮喔！
原本以為你會死的…
既然如此，第2個任務就是打倒希德拉！
所謂的希德拉…
是擁有9顆頭的蛇怪，因為真正的頭是不死之身，即便砍掉其他的頭，也會再長出新的
怎樣才能獲勝呢
雖然費了一番苦心，還是和姪子伊奧勞斯擊敗對手！
用火燒灼傷口就不會再長出頭
不行
為、為何？
不死的頭就埋人地下，讓牠無法逃脫
完成了！
伊奧勞斯
因為你借用了姪子的力量！
這樣就不能算你過關！
什麼！
繼續

海克力斯花了3天的時間持續勒住獅子的頸部，才終於將牠擊敗。

● 打倒希德拉的方法是？

下一項難題是要打倒希德拉。這個怪物是棲息在勒拿湖沼區域、擁有9顆頭的水蛇。

牠擁有能讓所有生物斃命的劇毒，而且即便斬掉牠的頭，還會馬上長出一顆新的頭來，不論是誰都無法收拾牠。

為了不要吸進希德拉的毒霧，海克力斯以布覆蓋口鼻，又叫姪子伊奧勞斯用火去燒灼怪物的傷口。但是，因為這項任務有伊奧勞斯在一旁協助，因此歐律斯透斯王判定海克力斯沒有完成任務。

海克力斯的十二項考驗②

之後試煉還在繼續
到克列尼亞山中
捕捉擁有黃金角的鹿
去厄律曼托斯山獵捕野豬
うおぉ
清理埃利斯王奧格阿斯那
髒兮兮的牛舍
但是海克力斯
領取了酬勞
所以這項清掃任務
也不被承認…
將湖沼的怪鳥全部射殺
ギャー
活捉公牛
モー
エッホ
エッホ
將食人馬帶回來
ヒヒーン
エッホ
エッホ
ギャー

第3項任務，是追捕連狩獵女神阿提米絲都抓不到、速度極快的鹿。海克力斯竟然花了整整1年去追逐，最後才成功將鹿給生擒。

第4項任務，是補獲厄律曼托斯山的巨大食人野豬。雖然這個獵捕任務是成功了，但是過程中海克力斯和半人馬族起了衝突，因此誤殺了恩師凱隆。

●因為拿了酬勞所以NG

第5項任務，是打掃長達30年都沒清理過的牛舍。海克力斯強行更改河川的流向，一口氣將牛舍內的髒污沖刷得一乾二淨。

只不過，因為祂從牛舍主人奧格阿斯王那邊領取了酬勞，因此這項任務的達成就不被承認。

第6項任務，是獵殺翅膀、爪子、鳥喙都是青銅構成的斯廷法洛斯的怪鳥。第7項任務，是活捉牛

將亞馬遜女王希波呂忒的腰帶帶回來
一開始雙方互動良好，應該能順利帶回腰帶…
但因為赫拉介入，祂不得不殺光亞馬遜戰士…
ハアハア
帶回革律翁在厄律提亞島上飼養的紅牛
ギャー
ギャー
ギャ
去斯珀里得斯取回黃金蘋果
請亞特拉斯幫忙拿來蘋果
最後是把冥府之王黑帝斯的寵物克爾柏洛斯給帶來
ハッハッ
拜託你，快把牠帶走
就這樣，海克力斯完成了所有的任務
那個壺是怎樣…
ワン

頭人怪物米諾陶洛斯的父親克里特王的公牛。第8項任務，是帶回色雷斯之王狄俄墨得斯飼養的食人馬。第9項任務，是取來女戰士部族亞馬遜女王的腰帶。

海克力斯竭盡心力，一一完成了這些困難的任務考驗。接著，第10項任務，是從雙頭犬俄耳托洛斯的看守下，奪取巨人怪物革律翁所飼養的紅牛。

第11項任務，是取得百頭龍拉頓看守的黃金蘋果。

至於最後的任務，就是要生擒俄耳托洛斯的哥哥，也就是擁有3顆頭的冥界看門犬克爾柏洛斯。就結果來看，海克力斯為了完成10項任務，卻達成了12項艱難的偉業。

海克力斯的知名戰績列傳①

打倒復活的巨人、帶回國王的妻子

戰鬥1
VS安泰俄斯
安泰俄斯是個嗜血的巨人
嘿嘿嘿
他會對旅人提出決鬥，然後殺害他們
那邊的傢伙
要不要跟我打一場啊？
啪嘰 啪嘰
我奉陪！
海克力斯的強悍更勝一籌
バキッ
ドゴゴッ
然而
ははは
他應該很虛弱了吧？
這傢伙的身體絕對有秘密！

靠力量壓制一切

除了12項艱難的任務之外，英雄海克力斯還經歷過各式各樣的冒險，打倒了許許多多的強敵。其中之一，就是跟好戰的巨人安泰俄斯的決鬥。

安泰俄斯住在非洲的利比亞，只要有看起來很強的旅行者路過，他就會向對方提出挑戰，然後殺了對方再奪走他們身上的寶物。

12項任務中有一項是得去帶回革律翁飼養的紅牛，為了完成任務，海克力斯前往非洲，途中遭遇了提出決鬥的安泰俄斯。擁有一身無雙怪力的海克力斯，輕輕鬆鬆就把這個巨人打趴在地。

只不過，不管被打倒幾次，安泰俄斯都能重新站起來迎戰。原來

呼哈哈哈！
你說的沒錯…
如果不破解我不死身的秘密，
你是贏不了我的
HA HA
HA HA
其實安泰俄斯只要接觸到地面，就會立刻恢復體能
海克力斯看穿了這個秘密，終於打敗了安泰俄斯
OVER KILL
啪嘰
戰鬥2
VS塔納特斯
嗚嗚嗚嗚
阿德墨托斯王的妻子阿爾克斯提斯死去了
海克力斯剛好途經此處
什麼！我把王妃從冥府帶回來！
拜託了
齁齁齁…我是塔納特斯，是個爽朗的死神喔~
阿爾克斯提斯
啊啊啊

← 繼續

這個巨人擁有只要接觸到大地，就能從中獲取無限力量的能力。

發覺巨人的秘密之後，海克力斯便把安泰俄斯高高舉起，然後直接以絞殺的方式擊敗他。

為尋回國王的妻子而進入冥府

海克力斯還經歷了下面這段冒險。

色薩利地區的弗里之王阿德墨托斯離死期不遠了，但過去命運三女神曾和他約定：「只要家族中有人願意代替你死，你就能免去一死。」

於是，他的妻子阿爾克斯提斯便為了丈夫，獻上了自己的生命。

結果，阿德墨托斯真的逃過死亡的命運，而阿爾克斯提斯則是被死神塔納特斯帶往冥府。

海克力斯的知名戰績列傳②

等等！把王妃還來！
喲喲喲…你是在求我嗎？
オーバーキル
OVER KILL
オラァッ！
バキ
ガッ
祂打倒塔納特斯，救了王妃
戰鬥3
VS阿波羅
海克力斯在某一天發狂，不慎殺了親友。自己也罹患疾病
如果是阿波羅大人，應該可以救我吧…
為了尋求阿波羅的幫助，海克力斯朝著德爾菲的神殿前進
抱歉，神諭巫女好像不想見你
開什麼玩笑！
我拿走囉

這時，海克力斯剛好途經此地，便答應國王要幫他把妻子從冥府給帶回來。

為了拯救因為成為丈夫的替身而殞命、被死神塔納特斯帶走的阿爾克斯提斯，海克力斯潛入了冥府。後來也成功地力敗塔納特斯，救出了阿爾克斯提斯，讓她得以重返地上世界。

另外在別的傳說中也有一種記載，是描述海克力斯直接挑戰冥府之王黑帝斯，最後同樣成功擊敗對方，取回了阿爾克斯提斯的靈魂。

如果是海克力斯的話，要打倒黑帝斯應該也不是不可能的事。何以見得？因為祂也曾和奧林帕斯十二神之一的阿波羅對戰，取得了勢均力敵以上的優勢。

●和阿波羅也曾對戰過

有一天，海克力斯因為發瘋的

海克力斯啊，你做得太過火了
喔！你就是阿波羅吧！
阿波羅和海克力斯的戰鬥
打得相當激烈
バキ
ドカ
最後終於
ズバーン
宙斯大人!!
喂！你們兩個該停手囉！這場算和局！
呼…你真的很強呢。如果你當3年的奴隸，贖罪之後我就治好你的病
…
就這樣，海克力斯就在利底亞女王翁法勒的身邊進行為期3年的侍奉工作
木棒、毛皮♪

關係，意外殺死了自己的好友伊菲托斯。

對此極為懊悔，又患上重病的海克力斯，為了治癒自己而造訪了阿波羅的神殿。

但是，不知原因為何，神殿的巫女不願意見海克力斯。海克力斯怒火攻心，就奪走了被視為該神殿鎮殿之寶的三角鼎。

阿波羅看到這一幕，也動了肝火，於是便和海克力斯打了起來。然而，這場對決打得難分難解、陷入膠著狀態，最後是宙斯將雷電劈向兩人之間，並宣告平手，才終止了這場戰鬥。

在那之後，阿波羅對海克力斯給出了「如果當滿整整3年的奴隸，你的病就會痊癒」這樣的指示。

海克力斯聽了這番話，便在利底亞女王翁法勒的手下成為奴隸，為她工作。

海克力斯的人生終局

海克力斯和德伊阿妮拉結婚後，過著平靜安穩的日子。某一天，兩個人外出旅行，來到了一條大河的旁邊
好寬廣呀
我們要怎麼渡河呢？
我是涅索斯
我把夫人送到對岸吧
有勞了！
然而一到了河的對岸，涅索斯突然
嘿嘿嘿
喂
襲擊了妻子
キャーッ
海克力斯放出一箭
ドスッ
ギャー
嗚喔，我要死了嗎…
夫人，你聽好
ドサッ
如果有一天你覺得海克力斯不愛你了…就把浸過我的血的內褲讓祂穿上就好，我的血可以當作春藥…

從妻子那拿到的內褲竟然抹了毒！

射殺襲擊妻子的半人馬

海克力斯的續絃，是卡利敦之王俄紐斯的女兒德伊阿妮拉。海克力斯將情敵河神阿克洛俄斯擊敗後，便娶她為妻。

某一天，海克力斯和德伊阿妮拉外出旅行，途中經過一條湍急的大河。因為要背著妻子（也有一說是孩子）渡過這條河實在不容易，海克力斯也相當苦惱。就在這個時候，半人馬族的涅索斯出現了，他提議要幫忙把德伊阿妮拉背到對岸去。

海克力斯很高興，欣然接受了對方的好意。沒想到，先背著德伊阿妮拉去到對岸的涅索斯，竟然想趁海克力斯還在渡河的時候非禮德伊阿妮拉。海克力斯見狀，立刻用

沾有希德拉劇毒的箭射死涅索斯。

在烈火燃燒中成為神明

在涅索斯死前對德伊阿妮拉這麼說：「我的血液是挽回愛情的秘藥。」聽信對方說詞的德伊阿妮拉，就把涅索斯的血收集起來。

之後，德伊阿妮拉得知了丈夫對奧伊卡里阿公主伊奧蕾萌生愛意的消息，便將浸泡過涅索斯血液的內褲送到海克力斯那裡去。但是，血液已經沾染了希德拉的劇毒，所以海克力斯立刻經歷了宛如全身燒灼的痛苦。

知道這件事的德伊阿妮拉很自責，選擇自殺了。而承受不了這般痛苦的海克力斯，也對旁人發出指示，選擇活生生地把自己燒死。

希臘神話事典 ②

怪物

眾神和英雄們，
經常要和令人恐懼的怪物對戰。
這個單元就要介紹它們各自的特色。

No. 01 【堤豐】

因為宙斯的傲慢而震怒的大地之神蓋亞，孕育了希臘神話裡最強大的怪物，他就是堤豐。

雖然上半部是宛如人類的姿態，但下半身卻是巨大的蛇身蜷曲的外觀。那讓人驚愕的龐大身軀，頭部可以到達天上的繁星、雙臂展開可以伸至世界的東西兩端。

而且，堤豐的肩膀還長出了一百條蛇，嘴裡噴出火焰。

此外，據說堤豐一發出聲音，群山都會為之撼動。

上半身是人類、下半身則是毒蛇的姿態，被喻為希臘神話裡最強大的怪物。

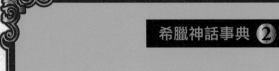

No.02 艾奇德娜

名字中帶有「蛇女」這個意涵的艾奇德娜，雖然上半身是個美女，但是下半身卻是蛇的身軀，背後還長有一對翅膀，是個不死的怪物。

她的來源眾說紛紜，有人說是蓋亞和塔耳塔羅斯的孩子、也有人說是海神佛西士和祂的妻子克托的孩子。後來艾奇德娜成為堤豐的妻子，也是克爾柏洛斯、拉頓、希德拉等諸多怪物的母親。此外，她和其子俄耳托洛斯也生下了許多怪物。

上半身是美女、下半身是蛇，而且背後還長有翅膀的艾奇德娜，她也是堤豐的妻子。

No.03 蛇髮女妖

蛇髮女妖（戈爾貢）是佛西士和祂的妻子克托所生下的三姊妹。珀爾修斯討伐的梅杜莎則是蛇髮女妖三姊妹之一，其他兩位姊姊分別是斯忒諾和歐律阿勒，除了梅杜莎以外，其他兩姐妹都是不死之身。

蛇髮女妖的頭上長的不是頭髮，而是蛇，還擁有黃金翅膀、青銅手臂、野豬般的獠牙。凡是看到蛇髮女妖臉孔的人，馬上就會變成石頭。

此外，蛇髮女妖的形象還被義大利的時尚品牌「凡賽斯」當成商標來使用。

被珀爾修斯打敗的是老么梅杜莎。若是看到她們的面容，不管是誰都會變成石頭。

No.04
【格賴埃】

和蛇髮女妖三姊妹（133頁）一樣，都是由佛西士和祂的妻子克托所生下的怪物三姊妹。她們居住在世界盡頭的岩屋，名字分別是佩佛瑞多（狠毒）」、厄倪俄（暴戾）、得諾（恐怖）。

關於格賴埃，世間留下了奇特的傳聞，據說她們的外貌是醜陋的老婆婆，姊妹3人共同使用一隻眼睛和一副牙齒。另外，也有一說，記載她們擁有天鵝的身體和翅膀。

外貌是老婆婆的三姊妹怪物。
3人共用一隻眼睛和一副牙齒。

No.05
【奇美拉】

奇美拉是個頭部是獅子、身軀是山羊、尾巴是毒蛇的怪物。肉體極為強韌，還會從口中噴出火焰。

它居住在呂基亞（現在的土耳其南部沿岸），相傳英雄貝勒羅豐騎著天馬佩加索斯，將長槍戳入它的口中，最後將其擊敗。

雖然奇美拉被認為是堤豐和艾奇德娜所生的女兒，但據說她原本是執掌季節的聖獸，獅子象徵春天、山羊象徵夏天、蛇則是象徵冬天。

奇美拉的姿態是獅子、山羊、毒蛇的合體。之後被英雄貝勒羅豐討伐。

No.06 克爾柏洛斯

為了防止死者的靈魂逃出冥府而飼養的看門犬，擁有3顆頭。據說它的尾巴是龍形、頸子還盤著宛如鬃毛般的毒蛇。

它對飼主黑帝斯是絕對的忠誠，當死者的靈魂進入冥府時，它會讓其順利通過。

不過，一旦死者的靈魂意圖逃出冥府，相傳它就會把靈魂追回來，並且大口吞下。雖然是讓人如此畏懼的看門犬，但它也曾被執行任務的海克力斯硬是給拖到了地上世界。

負責黑帝斯支配的冥府看守任務的，就是克爾柏洛斯。它是擁有3顆頭的猛犬。

No.07 俄耳托洛斯

雙頭犬俄耳托洛斯，負責看管怪物革律翁所飼養的牛群。

有說法認為，它的每根棕毛和尾巴都是一條蛇的外觀。雖然是堤豐和艾奇德娜所生的孩子，但據說它和艾奇德娜之間也育有涅墨亞獅子和斯芬克斯等怪物。

雖然俄耳托洛斯對前來偷牛的海克力斯發動了攻擊，但最後反倒被對方以棍棒擊斃了。

擁有2顆頭的看門犬，也存在它擁有棕毛、尾巴是蛇的說法。

No. 08【希德拉】

希德拉是擁有龐大身軀和9顆頭的巨大蛇怪。不過，也存在它的頭其實多達100顆的說法。

希德拉擁有驚人的生命力，即使9顆頭被砍去8顆，立刻又會從傷口處長出新的頭。而且位於正中央的頭是不死之身，所以根本無法只靠斬掉它的頭來對付。

此外，希德拉口中吐出的氣息帶有劇毒，吸入這股氣息的人類會立刻死掉。海克力斯也是費了一番心力，才終於收拾掉這個怪物。

擁有9顆頭的巨蛇，口中會噴出帶有劇毒的吐息，如果是人類，即使只吸進一點點也會致命。

No. 09【培冬】

關於巨蛇怪物培冬，有人說它是在「丟卡利翁大洪水」之後從泥沼中誕生的，但也有論點認為它是大地之神蓋亞所生下的子嗣。

這個怪物會以它巨大的身軀，層層繞住蓋亞降下神諭的德爾菲神諭所，不過也有一種說法，是培冬會在此親自給予神諭。

只不過，培冬後來敗在阿波羅的手下，從此以後，德爾菲就成了阿波羅的神諭所。

守護德爾菲神諭所的巨大蛇怪，之後被阿波羅擊敗。

No. 10 拉頓

在赫斯珀里得斯庭園裡長有黃金的蘋果，負責守衛工作的，就是長有100顆頭的龍拉頓。這個怪物會從嘴裡吐出火焰，相傳它的下顎關節位於尾巴，因此整個身體都宛如嘴巴一樣。

而且拉頓不需要睡覺，因此不論是誰都無法接近黃金蘋果。

被海克力斯打倒之後，因為過去守護黃金蘋果的功績，拉頓被升上天空，成為天龍座。

擁有100顆頭的龍，而且絕對不會睡著，持續守護著黃金蘋果。

No. 11 革律翁

在希臘神話裡登場的怪物之中，如果要舉出外觀特別奇怪的，革律翁就是其中之一。

他擁有3顆頭和3副身體，從身上又長出了6隻手和6隻腳。此外，也流傳著他長了翅膀的說法。說得更清楚點，他的樣子就像是3個人的身體在腹部融合為一體，然後腹部以下又各自分出3個人的雙腳。

這個怪物在厄律提亞島上養了一群牛，之後他就被前來奪取牛隻的海克力斯給殺死了。

外型是3顆頭、3個身體、6隻手、6隻腳的怪物，被英雄海克力斯所殺。

No.12

斯庫拉

斯庫拉的上半身是美女，但下半身卻是魚的型態，腹部還長出6個狗頭。

原本斯庫拉是居住在西西里島的一個美麗精靈。對她抱有思慕之情的海神格勞科斯，因而請魔女喀耳刻為自己調製愛情靈藥。

但愛上格勞科斯的喀耳刻卻準備了毒藥，讓斯庫拉變成一個醜惡的怪物。斯庫拉悲嘆著自己改變後的容貌，據說自此之後，她的性格就變得極為兇暴。

和美麗的上半身形成對比，下半身不但是魚的型態，腹部還長出狗頭的怪物。其實她原本是個美麗的精靈。

No.13

卡律布狄斯

卡律布狄斯是波賽頓和蓋亞所生的孩子，原本是一位女神。

自出生之際就是大胃王的卡律布狄斯，有一次因為肚子餓的關係，偷吃了革律翁飼養的牛，因此發怒的宙斯，就將她變成了怪物。

變成怪物後，卡律布狄斯每天都會在美西納海峽進食三次，然後連同周圍的海水一起喝下。每當卡律布狄斯用餐時，海上就會出現大漩渦，讓航海者為之忌憚。

躲在海中大漩渦裡的怪物，因為會接連吞噬靠近自己的船隻，因此航海者們都相當畏懼牠。

No. 14 斯芬克斯

擁有獅子的身體、美麗女性的容貌和乳房、老鷹翅膀的怪物，就是斯芬克斯。她居住在底比斯附近的山上，如果有旅行者通過這裡，她就會向他們提出一個「早上是4隻腳、中午是2隻腳、晚上是3隻腳，這個東西是什麼？」的謎題。如果回答不出來的話，就會被她吃掉。

然而，伊底帕斯回答了「那就是人類」這個正確答案，據說因爲謎題被破解的斯芬克斯惱怒地從山崖上一躍而下，墜谷死亡。

身體是獅子、面容是女性、長有乳房和老鷹翅膀的怪物。只要靠近，她就會出謎題來挑戰你。

No. 15 賽蓮

賽蓮是上半身是人類女性，下半身是鳥類姿態的怪物。她總是坐在船舶航行路線附近的礁岩上，發出悅耳的美妙歌聲。只要聽見她的歌聲，立刻就會失去理智。

很多航海者都是被賽蓮的歌聲所迷惑，因此遇難或導致船隻沉沒。但英雄奧德修斯想出了一個計策。他將自己綑綁在船隻的桅杆上，讓船舶順利地通過了賽蓮盤據的危險海域。

以美妙的歌聲誘惑航海者。其實咖啡品牌星巴克的商標，設計意象也是賽蓮。

No. 16 鷹身女妖

鷹身女妖這種怪物的面孔和上半身都是人類女性，但下半身是鳥類的姿態，也長有一對翅膀。她的原名哈爾皮亞意味著「掠奪者」。

波賽頓的兒子菲紐斯因為預言人類的未來、洩露了天機，因此神明剝奪了他的視力。此外，神明還降下另一個懲罰。每當菲紐斯要進食時，鷹身女妖就會從空中俯衝而下，將他的食物奪走。

擁有人類的臉孔和上半身，下半身是鳥類，也長有雙翅的怪物。會從上空襲擊鎖定的獵物。

No. 17 米諾陶洛斯

牛頭人身的米諾陶洛斯，是克里特島米諾斯王的妻子帕西淮與白色公牛結合後所生下的怪物。

因為隨著米諾陶洛斯日漸長大，個性也變得越來越兇暴，因此代達羅斯就設計了一個迷宮「Labyrinthos」，把他關進裡面。接下來，每年還會挑選7個少年和7個少女作為活祭品，將他們獻給米諾陶洛斯作為安撫。

之後，忒修斯在米諾斯王之女阿里阿德涅的協助下，擊敗了米諾陶洛斯。

潛伏在克里特島迷宮的深處，每年都要獻上活祭品給他。

No. 18

【阿爾戈斯】

阿爾戈斯的全身上下長了100隻眼睛，因為這些眼睛會輪班睡覺，因此是相當適合擔任看守工作的巨人。光是想像他的樣貌就覺得是個讓人害怕的怪物，但是他意外地順從諸神下達的命令。而且還立下了擊退艾奇德娜和公牛等怪物的功績。

但是，就在阿爾戈斯奉赫拉之命，監視宙斯的愛人伊俄所變成的母牛時，接受宙斯指派的荷米斯竟然靠笛子的音色讓他睡著了。最後，阿爾戈斯也因此丟了性命。

因為100隻眼睛幾乎都是常態性睜開的，所以毫無破綻可言。

怪物的小知識

怪物們竟和我們意外地親近!?

擁有充滿個性的姿態和能力的希臘神話怪物們，在本書開頭所介紹的美術作品裡也經常成為被運用的題材。因此，即便到了後世，這些怪物也和我們相當地親近。

現今的遊戲、漫畫、電影、奇幻小說等創作，都會有很多希臘神話裡的怪物登場。

特別是梅杜莎，不光是外觀，「讓看到她的人變成石頭的能力」這一點，也被很多的遊戲給傳承下來，或許比起打倒她的珀爾修斯，梅杜莎還更加有名呢。

要說這些怪物已經和眾神同等，甚至擁有超越祂們的親近感，真的也不為過吧。

前往冥府的奧菲斯

音樂天才奧菲斯和寧芙歐律狄刻結婚了
奧菲斯
歐律狄刻
兩人和睦地過著快樂的日子
但是有一天，歐律狄刻被毒蛇咬死了
嗚喔喔喔！歐律狄刻
悲傷度日的奧菲斯下了一個重大決定
我要到冥府去把妻子帶回來！
但冥府可不是這麼容易進入的
ポワ～
ポロン
ポロン
ポロン
聽了奧菲斯演奏的音樂，怪物們都陷入沉睡狀態

因為回頭而失去愛妻的詩人

●為了拯救妻子而前往冥府

吟遊詩人奧菲斯的豎琴技巧，是從阿波羅那邊學來的。據說只要奧菲斯一彈奏豎琴，不管是動物、植物，甚至是岩石，都會為他的音樂所傾心。

有一天，他的妻子歐律狄刻被毒蛇咬死了，為了帶回心愛的妻子，奧菲斯決定動身前往冥府。

不論是冥府裡斯堤克斯河的擺渡人卡隆，還是冥府的看門犬克爾柏洛斯，聽了奧菲斯那悲傷的豎琴音色後，都靜靜地讓他通過。

最後，奧菲斯終於來到冥府之王黑帝斯的面前，彈著豎琴，用歌聲訴說著想帶回愛妻的心願。

被奧菲斯的演奏所感動的歐律狄刻，也嘗試說服黑帝斯。

他終於來到黑帝斯面前，讓祂聽自己的音樂
ポロンポロン
真是美妙的音樂啊…
這次我就特別為你破例吧
真的嗎！
不過歸途中，你要走在她前面，而且絕對不能回頭
你能做到嗎？
當然！真是太感謝您了！
然而
已經走了好一段路了，可是都沒聽到什麼腳步聲…
她真的有跟上來嗎？
啊，好想往後看！
可是不行，絕對不能回頭！
偷瞄
啊
妻子瞬間露出哀傷的表情，就此消失
歐…歐律狄刻歐律狄刻——!!
消失
兩人就此永別了

黑帝斯聽了之後，便提出「在踏出冥界之前，絕對不能回頭」的附帶條件，之後就讓奧菲斯把愛妻給帶走了。

明明就只差一點點了…

然而，就在兩人只差一點點就要跨出冥界的時候，因為擔心妻子是否有順利跟上來，心中滿懷不安的奧菲斯忍不住回頭看了一眼。就在這個瞬間，歐律狄刻又被帶回冥府的深處了。

奧菲斯就這麼永遠與愛妻訣別了。自此之後，他斷絕一切的異性往來，開創了以輪迴轉生為教義的奧菲斯教。

阿爾戈探險隊①

愛俄爾卡斯之王埃宋的兒子伊阿宋，在半人馬族的賢者凱隆門下接受培育
好！我要加油了！
長大後的伊阿宋為了奪回父親失去的王位而返回故鄉
途中，他碰到一個被氾濫河水所困的老婦人
我來背您吧
麻煩你
其實這個老婦人是赫拉所化身的
真善良啊
再加把勁！
到達王都後，伊阿宋謁見國王
我是埃宋之子伊阿宋，請歸還王位！
這傢伙怎麼回事？
愛俄爾卡斯王 珀利阿斯
嗯？
只穿了一隻腳的涼鞋…
渡河時掉了一隻
該不會!?
國王曾聽聞「只穿一隻涼鞋的人會毀滅你」的神諭
糟糕了….

開啟艱困旅程，英雄們的冒險

●搭上阿爾戈號的50人

奪走埃宋王位的珀利阿斯，命令埃宋的兒子伊阿宋前往黑海盡頭的科爾基斯帶回黃金羊毛皮。

於是伊阿宋便命人打造了阿爾戈號這艘巨大的帆船，並且募集許多勇士，踏上尋找黃金羊毛皮的旅程。

成員集結了英雄海克力斯和吟遊詩人奧菲斯等人物，最後登上阿爾戈號的人超過了50名以上（阿爾戈號據說有50支槳），這一行人就被稱為「阿爾戈英雄」。

意氣風發地踏上旅程的阿爾戈號，首先抵達的是只有女性居住、由女王統治的利姆諾斯島。

阿爾戈英雄受到島上女性的熱烈歡迎，伊阿宋也和女王孕育了子

我可以把王位還你
咦？真的嗎!?
不過有個附帶條件！
！
你去把科爾基斯王的「金羊毛皮」
帶過來給我吧！
這是一道希望伊阿宋會在過程中丟掉性命的命令
伊阿宋
加油！
海克力斯
我也是一員喔
奧菲斯
音樂就交給我
佩琉斯
特洛伊戰爭的英雄阿基里斯之父
亞特蘭妲
以卡利敦野豬狩獵成名
+etc
50名以上
伊阿宋立刻準備船隻，集結一群勇者就出發
途中他們經過各式各樣的島嶼，突破了許多的難關障礙…
海克力斯離隊
海拉斯！
擊退鷹身女妖
衝撞岩
呀～我們會死！
太好了—
終於抵達科爾基斯！
←繼續

嗣。

● 一邊解決騷動一邊繼續航海

在那之後，眾人來到一個名為希俄斯的地方，因為隨從海拉斯被當地寧芙帶走的關係，海克力斯於此脫隊，但阿爾戈號依然繼續他們的航程。

接著，他們被捲入了阿密科斯王挑起的搏命拳擊賽、又在色雷斯因緣際會拯救了被鷹身女妖所害的盲人國王菲紐斯，經歷了各式各樣的冒險與挑戰。

最後抵達博斯普魯斯海峽的一行人，成功地通過了被兩塊巨大岩石夾擊的衝撞岩關卡，抵達了目的地科爾基斯。

漫畫40

阿爾戈探險隊②

科爾基斯王宮
啊？你想要黃金羊毛皮？
在說什麼傻話啊？
給我們
快點啦
拿出來
那張黃金羊毛皮有龍在看守，沒有國王的幫助應該就拿不到了
如果真的很想要，
也不是不行啦
不過有個條件
又是條件啊
條件是？
①把噴火的青銅公牛拉去耕田
呼～
②將龍牙種入田裡
③然後將長出來的士兵
冒出
④給打敗
這都什麼條件啊…
伊阿宋大人
你是美狄亞公主
伊阿宋大人
把這個藥膏塗遍全身的話，就不會受到火焰和刀刃的傷害了

借助魔女美狄亞的協助

終於抵達科爾基斯的伊阿宋一行人，和統治這片土地的國王埃厄忒斯交涉，想請他交出黃金羊毛皮。

但是對方提出了交出黃金羊毛皮的條件，就是伊阿宋必須「拖著噴火的公牛去耕田，然後種下龍的牙齒」。

伊阿宋為這難題傷透了腦筋。不過埃厄忒斯的女兒美狄亞對伊阿宋一見鍾情，因此以結婚為條件，提供自己的魔法技能來協助他。

伊阿宋接受了她的提議。於是美狄亞在他身上塗上魔藥，讓伊阿宋不會受到火焰和刀刃的傷害。藉由她的協助，伊阿宋成功地將公牛拉去耕田，然後在耕耘過的土地上種下龍的牙齒。

然而，這時埃厄忒斯仍不願交出黃金羊毛皮。於是伊阿宋決定採

他照著美狄亞的建議，順利地突破這道難題
嗯，好暖和
斷
輕鬆獲勝！
伊阿宋跟美狄亞的關係越來越好，之後便成婚了
一起努力吧！
伊阿宋大人，我很樂意！
美狄亞用睡眠藥讓守護黃金羊毛的龍睡著
太好了！拿到黃金羊毛皮了！
得知此事的埃厄忒斯王大為光火
美狄亞竟然背叛我這個父親！我絕對不原諒他們！
糟了，有好多追兵
要走囉！大家撐著點!!
伊阿宋一行人逃過追擊，歷經暴風雨等諸多劫難，最後終於讓珀利阿斯垮台
隨風浪漂泊

取強硬手段，這時，美狄亞又提供了協助。

黃金羊毛皮終於入手

黃金羊毛皮是由一頭絕對不會睡覺的龍在守護，而美狄亞施展魔力，讓龍沉沉睡去。趁這個機會，伊阿宋取得了黃金羊毛皮，並且帶著美狄亞登上阿爾戈號，準備離開科爾基斯。

察覺自己遭到女兒的背叛，導致黃金羊毛皮被奪走的埃厄忒斯，立刻派遣船隊去追趕。

沒想到，美狄亞將一起帶出來的幼小弟弟阿布敘爾托斯殺死，並且分割他的遺體再拋入海中。

後方的追兵為了撿拾阿布敘爾托斯的遺體而減緩速度，才讓阿爾戈號平安無事地逃走了。順帶一提，最後珀利阿斯也是在美狄亞的計策之下被打倒的。

漫畫41 讓死者重新復活！

名醫阿斯克勒庇俄斯

色薩利地區的公主科洛尼斯是個絕世美女
她受到阿波羅的寵愛，懷了祂的孩子。這個孩子被取名為阿斯克勒庇俄斯
但科洛尼斯趁阿波羅不在的時候
和一個叫伊斯庫斯的男子偷情
阿波羅從監視的烏鴉那裡得知這件事
嘎—
什、什麼!!
絕對不能原諒！
嗚
一怒之下，祂射殺了科洛尼斯
嗚喔喔喔！！
我到底做了什麼呀！！！
烏鴉！都是你告訴我，事情才會變成這樣!!
嘎!?
變成黑色！
ボン
嘎!?
從此烏鴉就變成黑色的鳥

擁有超越師父的能力，被眾神所警戒

●因為烏鴉的報告讓阿波羅震怒

阿斯克勒庇俄斯是阿波羅與人類女性科洛尼斯所生下的孩子。阿波羅指派1隻烏鴉擔任自己跟科洛尼斯之間的傳信角色。在這個時候，烏鴉其實是一身白色。

有一天，烏鴉向阿波羅稟報了科洛尼斯偷情的消息，憤怒的阿波羅竟一箭射死了科洛尼斯。但隨即後悔莫及的阿波羅，卻遷怒烏鴉，將牠變成全身漆黑的模樣。

其實當時的科洛尼斯懷有身孕，阿波羅救出胎兒，將他託付給半人馬族的賢者凱隆照顧。而這個孩子就是阿斯克勒庇俄斯。

待在凱隆的門下，阿斯克勒庇俄斯在醫學方面展現了他的天分，他的醫術甚至超越了師父凱隆。

之後，阿波羅從科洛尼斯的遺體取出還活著的阿斯克勒庇俄斯，交給凱隆
阿斯克勒庇俄斯跟凱隆學習醫術
而且開始大放異彩
獲得阿斯克勒庇俄斯之杖後…
他甚至還能讓死者復活
咦？
老伴
宙斯得知這件事後
這可不成
這樣一來整個世界的秩序都被打亂了
宙斯劈下雷電，殺了阿斯克勒庇俄斯
這讓阿波羅憤怒了
你、你竟然這樣對我的兒子!!
好啦好啦
結果宙斯又讓他起死回生
咦？
獲得不死後，他成為了眾神的一員

被宙斯殺了後竟因此成神

日後獨立出師的阿斯克勒庇俄斯參加了阿爾戈探險隊，累積了更多實務經驗後，在醫學方面的造詣又更上一層樓。

後來，他甚至能讓已經死去的人重新活過來，但這種作為卻讓等不到死者進入冥府的黑帝斯大傷腦筋。於是黑帝斯也向宙斯提出了抗議。

擔心世界的秩序會因此大亂的宙斯，選擇用雷電將阿斯克勒庇俄斯擊殺。

不過，在阿斯克勒庇俄斯死後，他也升上天空，成為眾神的一份子。

順帶一提，阿斯克勒庇俄斯的象徵——「阿斯克勒庇俄斯之杖」，現在也成為世界衛生組織等醫療相關機構的標誌意象來源。

擊退米諾陶洛斯

當時的雅典
被克里特所佔據
每年都要送上
年輕的男女各7人，
作為獻給米諾陶洛斯的活祭品…
正義感很強的忒修斯
知道此事後相當憤慨
我絕對不允許！
要終止這種惡習！
他自願成為祭品，
前往克里特島
我要趁機
大鬧一場！
然而該島的公主
阿里阿德涅對忒修斯
一見傾心
忒修斯
大人，
直接硬闖
是無法
活著回來的
米諾陶洛斯就潛伏在
迷宮裡面
ゴオオオオオオオ..

忒修斯以自己為祭品，伺機取勝

米諾陶洛斯所在的克里特島

忒修斯是雅典之王埃勾斯和特羅曾公主埃特拉的孩子。關於父親這部分，也有說法認為是波賽頓，總而言之他是個勇敢的男子。

當時的雅典是歸屬在克里特島米諾斯王的支配下。至於克里特島，是位於地中海上的希臘最大島嶼。

為了獻上活祭品給關在島上迷宮的怪物米諾陶洛斯（140頁），每年雅典都要送出7個少年和7個少女。

對此感到忿忿不平的忒修斯，自願成為活祭品的一員，準備潛入克里特島。

忒修斯一來到島上，國王的女兒阿里阿德涅立刻就墜入情網。為

請用這捆絲線吧
先綁在入口，要離開時就順著這條絲線出來
這樣就可以了
ギャ
忒修斯在迷宮的深處打倒米諾陶洛斯
往這邊！
感謝你，阿里阿德涅也一起離開吧
我非常樂意
在那座島休息一下
奈克索斯島
一段時間後，克里特的追兵出現了
好！大家快上船
因為太過慌亂，阿里阿德涅最後沒搭上船
啊！
阿里阿德涅！
阿里阿德涅！
兩人因此永別了

了幫助忒修斯，阿里阿德涅暗中提供紅色的麻絲線球與短劍給他。

●靠絲線與短劍打敗怪物

忒修斯將麻絲線的一端綁在迷宮的入口處，接著一邊放掉絲線、一邊和其他的活祭品同伴往迷宮的深處走去。

最後，米諾陶洛斯終於現身了。忒修斯勇敢地站了出來，靠著短劍出色地將怪物擊敗。

之後他們一行人便藉由絲線的引導，順著進來時的路線平安地離開迷宮。阿里阿德涅也和忒修斯一起離開了克里特島。

不過在那之後，阿里阿德涅就被單獨留在奈克索斯島。另有一說，指出阿里阿德涅是被酒與酩酊之神戴歐尼修斯給擄走的。

珀爾修斯的蛇髮女妖討伐戰

→ 借助神的幫助斬下怪物的頭顱

小時候的珀爾修斯
和母親達那厄一起
被關進木箱中，放流大海
救命啊
どんぶらこ
どんぶらこ
漁夫狄克堤斯救了他們，
撫養他長大
某日，狄克堤斯的哥哥，
也就是國王波呂德克特斯
脅迫達那厄成婚
嫁給我
我不要
為了除掉礙事的珀爾修斯，波呂德克特斯提出獻出馬匹的要求，沒想到珀爾修斯竟表示「我沒有馬，如果是蛇髮女妖的頭顱我倒是能拿來」
哈哈—ン
慘了!!
波呂德克特斯便順勢命令他「拿回來」，讓珀爾修斯陷入了困境
珀爾修斯啊
嗚嗚…
你是宙斯之子，辦得到的
荷米斯
雅典娜
我是宙斯的兒子？
這些都給你
鐮刀 能砍下女妖蛇髮的頭
飛天涼鞋 如同其名，能飛上天空
隱形頭盔 黑帝斯持有，能隱身
盾牌 如同鏡子般閃亮 (from雅典娜)
閃
蛇髮女妖的所在地就去問格賴埃
總之先到那裡去吧
進度好快

●被祖父拋棄的珀爾修斯

珀爾修斯是宙斯與阿克里西俄斯之女達那厄所生的孩子。但是，阿克里西俄斯聽說了「你會被孫子殺害」這個預言，因此把剛生下來的珀爾修斯和達那厄都關進箱子裡，放流大海。

只不過，母子倆幸運地被好心的漁夫救起，珀爾修斯也在塞里福斯島長大。有一天，該島的統治者波呂德克特斯看上了達那厄。

因此，為了趕走珀爾修斯這個擋路石，波呂德克特斯便命令他去取得蛇髮女妖之中的梅杜莎頭顱。

蛇髮女妖三姊妹的頭上長的並不是頭髮，而是蛇，相傳看到她們面貌的人都會變成石頭，擁有很駭人的力量。

珀爾修斯成功地向格賴埃三姊妹問出蛇髮女妖的根據地
格賴埃三姊妹
3人共用1眼1牙
途中從寧芙那裡獲得裝頭顱的袋子，往蛇髮女妖的所在地前進
長女斯忒諾和次女歐律阿勒是不死之身，因此他以三女梅杜莎為目標，看著盾牌反射的影像悄悄接近
盾牌反射的梅杜莎
サクッ
此時，梅杜莎的傷口突然生出天馬佩加索斯和克律薩俄耳這個男孩
但是已經習慣各種驚奇的珀爾修斯已經不感訝異了
佩加索斯
克律薩俄耳
梅杜莎生前與波賽頓孕育的孩子
媽媽…我辦到了
逃過其他兩個蛇髮女妖追擊的珀爾修斯返回故鄉，將波呂德克特斯變成石頭
你看
僵硬

獲贈諸神賜予的道具和武器

為了打倒這個怪物，珀爾修斯獲得雅典娜和荷米斯的幫助，拿到了青銅盾、有翅膀的涼鞋、黑帝斯的隱形頭盔、金剛之鐮等魔法道具和武器。

整裝完畢的珀爾修斯，來到了居住在歐開諾斯流域附近的蛇髮女妖三姊妹巢穴。接著，他看著青銅盾反射的梅杜莎倒影，漂亮地斬落了她的頭顱。相傳就在此時，從梅杜莎的傷口生出了有翼天馬佩加索斯和英雄克律薩俄耳。

就這樣，達成目的的珀爾修斯，以黑帝斯的頭盔力量逃過剩下兩個蛇髮女妖的追殺，平安無事地返回故鄉。

珀爾修斯與安朵美達

珀爾修斯取得梅杜莎的頭顱後，在返回塞里福斯島的途中
於衣索比亞上空發現了一個被綁在礁岩上的女性
啪撒～～
啪撒～～
うぅぅ…
你在做什麼？
興趣嗎？
看也知道我是祭品啦！
我是衣索比亞公主安朵美達，我母親卡西歐佩亞是個很漂亮的女性，但是她失言了
我比海之妖精涅瑞伊得斯還要美麗呢
ホホホ
ホホホ
不出所料，憤怒的波賽頓引發大洪水
ドドドド
獻上安朵美達當作祭品吧！
ギャース
怪獸→

運用梅杜莎的頭顱來擊敗怪物

被綁在礁岩上的美女

珀爾修斯將梅杜莎的頭顱放入袋子中，準備返回故鄉。在半路上，他和被綁在礁岩上的衣索比亞公主安朵美達相遇了。

根據她的說法，母親卡西歐佩亞因為傲慢地自誇「我比海之妖精涅瑞伊得斯還要更美麗」，因而惹怒了海神波賽頓。為了化解波賽頓的怒意，他們選擇獻上女兒作為活祭品。

聽聞此事的珀爾修斯，便向安朵美達之父克甫斯取得了「解決這個問題後就娶她為妻」的許可。接著他勇敢迎向大海中的怪物，並且成功打倒對手。

關於這個部分，世間留下了以劍打倒怪物，以及利用梅杜莎的頭

怎、怎麼能允許這種事發生!!
仔細一看，你真是可愛啊，我一定會幫你的！
謝謝你
安朵美達！你再忍耐一下，我有個無論如何都必須先準備的事情要做！
嗯，你要快點回來救我！！
珀爾修斯來到衣索比亞，晉見國王
我打贏怪物，救出安朵美達之後
請您把她嫁給我吧！
嗯，沒有問題。
是要準備這個喔！
嘎～～喔
パキ
パキ
パキ
歸來的珀爾修斯藉由梅杜莎的頭顱，戰勝了怪獸
兩個人結婚了，可喜可賀

顱將怪物石化後打倒這兩種說法。

和安朵美達結婚！

順利擊退海中怪物後，珀爾修斯就跟阿朵美達成婚，最後回到故鄉塞里福斯島。後來，覬覦他母親達那厄的波呂德克特斯看到了梅杜莎的頭顱，因此被石化。

在那之後，據說珀爾修斯將從小養育他長大的漁夫狄克堤斯奉為島上的新領導者。

順帶一提，相傳現今希臘的塞里福斯島岩石遍布，就是珀爾修斯帶回的梅杜莎頭顱所造成的結果。

米達斯的特殊能力

酒神戴歐尼修斯為了答謝米達斯款待恩師西勒努斯之情
什麼!?
將無條件地實現米達斯的願望
這樣啊，請給我把碰到的東西都變成黃金的能力
這樣真的好嗎
當然啊
你可能會後悔喔
我才不會後悔哩！
喔喔，身體變熱了
我實現了，再見啦
欸？
好像沒什麼改變
喔喔喔！成功了！

即使獲得點石成金的能力也…

如果什麼心願都能實現的話

米達斯王是現今土耳其中西部佛里幾亞的一處城市佩西努斯的統治者。

因為他曾款待過酒與酩酊之神戴歐尼修斯的恩師西勒努斯，為了答謝他，戴歐尼修斯應允「幫你實現任何願望」。

而米達斯所祈求的，竟然是「想要讓自己碰到的東西都變成黃金的能力」。而戴歐尼修斯真的幫他實現了這個夢想。

只不過，看看這件事之後的發展，還真不知道該說戴歐尼修斯的這個舉動是出自善意還是惡意呢。

得到不可思議力量的米達斯，伸手一碰石頭或樹枝，立刻就變成了黃金。米達斯相當開心，為了大

欣喜的米達斯將各種東西都變成黃金
齁齁齁！太棒啦！
餐具
涼鞋
劍
然而…
咦？等一下！
食物也都變成黃金了!?
米達斯無法進食，眼看就快要死了
不行，我真的會餓死的
你看吧，我早就告訴你了不是…
戴、戴歐尼修斯大人…我太愚蠢了
你去河裡洗個澡吧，這樣一來就沒事了
真的？
得救了！
米達斯因此得救了
他失去了能力，但從今以後，人們變得能在河裡採集砂金了

舉慶祝，於是舉辦了奢華的餐宴。

然而，只要米達斯一碰到這些餐點，不管是水還是麵包，全都變成了堅硬的金子。而且就連跑來關心米達斯的女兒，也都因為他的觸碰而變成了金子。

即便有金子也不能填飽肚子

因飢餓和口渴感到痛苦，甚至絕望的米達斯，又向戴歐尼修斯祈求，希望能收回自己的能力。於是，戴歐尼修斯指點米達斯到帕克托羅斯河裡去梳洗沐浴。

米達斯遵照祂的指示去做，點石成金的能力就因此被轉移到河水之中，讓河裡的砂石變成黃金。從今以後，據說人類就能在河川裡淘到砂金。

畢馬龍的戀情

畢馬龍是個天才雕刻家，但是他太過單純，因此看到女性負面的那一面後
欸，女人好可怕
就決定終生不婚
說是這樣說啦，一個人好寂～寞喔～
モン モン モン
好想跟一個很棒的女性一起生活喔～
於是，畢馬龍決定打造一個符合自己想像的
好美
理想女性雕像
這、這真是符合我理想的美麗啊…
你的名字是伽拉忒亞喔
啊～我可愛的伽拉忒亞♡♡♡

由自己打造人類，和雕像一起度日

愛上雕像的賽普勒斯島之王

畢馬龍是個雕刻家，也是賽普勒斯島的國王。他對現實中的女性感到失望，因而以美神阿芙蘿黛蒂為範本，用象牙雕出了一個理想中的女性雕像，並且取名為伽拉忒亞。

後來，畢馬龍竟然愛上了自己所創作的雕像，和對待活生生的女性一樣，他為伽拉忒亞準備食物，還會對著她說話。日子一久，他甚至無法離開雕像的身邊，身體日漸衰弱下去。

看到他這副模樣，女神阿芙蘿黛蒂深感同情，於是便賜予伽拉忒亞生命。欣喜若狂的畢馬龍最後和伽拉忒亞結婚，兩人還生下了一個名為帕波斯的孩子。帕波斯這個名

畢馬龍開始失控了
閃亮
啊！珍珠項鍊很相襯！
這件衣服也很搭
你是天使！
啊，伽拉忒亞真美
我愛你！
為雕像癡迷
伽拉忒亞我老婆
某一天，愛與美的女神阿芙蘿黛蒂的祭典正在舉辦
求您…求您讓我跟像是伽拉忒亞那樣的女性結婚！
我回來了
ㄊㄊㄊㄊㄊ
咦？暖烘烘的!?
雕像竟然臉紅了
伽、伽拉忒亞活過來了!!
伽拉忒亞竟然變成人類
這是阿芙蘿黛蒂所引發的奇蹟
HAPPY FAMILY
在那之後，畢馬龍就和伽拉忒亞結婚了，生下了名為帕波斯的孩子

字，據說就是現今賽普勒斯島上帕福斯這個地名的由來。

深愛雕像的王之名，流傳後世

基於這段神話故事，後人也將愛上無生命的人形物這件事，稱之為「畢馬龍症」。在心理學用語中，則稱為「Pygmalionism」。

法國作家維利耶・德・利爾-阿達姆的『未來夏娃』，以及江戶川亂步的『非人之戀』等等，世界各國都曾出現過以畢馬龍情結為主題來創作的小說。對於人形物的愛戀，就是如此普遍的心理狀態吧。

順帶一提，在原本的希臘神話中，畢馬龍打造的女性雕像是沒有名字的，而是由後人為其冠上了美麗的精靈伽拉忒亞的名字。

打倒大蛇的卡德摩斯

腓尼基王子卡德摩斯為了尋找下落不明的妹妹，造訪了德爾菲，想尋求神的指示，然而
總之先別找妹妹了，去追牛吧
啊？
在牛第一次倒下的地方建立城市
咦咦!?
踏出神殿後
啊！真的有牛!!
呼
部下
卡德摩斯跟著那頭母牛
母牛終於躺了下來
ゴロン
嗯，是這裡！
好，我們將這頭牛獻上吧…
先去附近找點水來吧
遵命
可是在附近發現的泉水被一條大蛇看守，部下都被吞下肚了
パクッ
呀～!!
這、這是什麼!!

失去部下後，與新的部下一起建國

在牛倒下來的地方建都!?

卡德摩斯是泰爾之王阿革諾耳的兒子。有一天，宙斯把卡德摩斯的妹妹歐羅巴擄走了，於是阿革諾耳下令卡德摩斯和其兄弟外出尋找歐羅巴的下落。

卡德摩斯因而來到德爾菲的神殿，向阿波羅尋求指示。但是卻得到「放棄尋找妹妹，跟在一頭母牛後面，在牛倒下的地方建立城市」這樣的神諭。

之後，卡德摩斯在街上遇見了養牛人，買下一頭身上有白色滿月圖案的母牛，然後就跟在牛後面走，絲毫不停歇。

最後精疲力竭的母牛終於倒下，於是卡德摩斯便在該處建立雅典娜的雕像，並將母牛作為祭品獻

シュパッ
看我的!!
卡德摩斯憑一己之力戰勝大蛇
因為失去部下正感困擾時，雅典娜出現了
莫非您是雅典娜大人？
正是
卡德摩斯啊，拔下大蛇的牙齒，撒在耕耘過的土地上
像這樣嗎？
パラパラ
牙齒落下之處，竟然冒出了士兵
咦!!
ニョキ ニョキ
モコモコ
ボコボコ
士兵瞬間展開了廝殺
呀！
好強
卡德摩斯與最後活下來的5人一起建設城市
這就是底比斯的起源

上。

但是當他的部下到附近的泉水汲水時，卻不慎碰到戰神阿瑞斯的泉水。因此卡德摩斯的部下就被看守泉水的大蛇給吞下了。

●冒出士兵了？

憤怒的卡德摩斯殺了大蛇。正要將牠當作祭品獻上時，雅典娜現身，並且指示他「把大蛇的牙齒撒入土中」。

卡德摩斯遵照女神的囑咐進行後，從土中冒出大量的士兵，然後彼此展開廝殺。存活到最後的5人，被卡德摩斯納入麾下，眾人一起建立了城市。

這個城市，就是日後各式各樣的希臘神話上演的舞台——底比斯的起始。

怪物斯芬克斯

底比斯之王萊歐斯的兒子誕生了，但是有一天，他接獲了「你會被你和王妃所生的兒子殺死」的神諭
好過分…
牧羊人
ギャー
於是他用釘子貫穿男嬰的雙足，命令一個牧羊人「將孩子丟到季賽榮山」
竟然要把這個孩子丟在森林…我辦不到…
真是可憐
哇哇哇～
於是牧羊人將孩子交給在森林裡遇到的另一個牧羊人
麻煩你了
沒問題！
這個牧羊人侍奉的是柯林斯之王
國王收養了孩子，取名為伊底帕斯，扶養他長大
但是某一天，他得到了「你會殺害父親，與母親結婚」的駭人神諭
我才不會！

被伊底帕斯破解謎題而自殺

●棄子的旅程

伊底帕斯是底比斯之王萊歐斯與其妻柔卡絲塔的孩子。

因為萊歐斯獲得了「你會被自己的孩子殺死」的神諭，因此用釘子貫穿剛出生嬰兒的雙腳，並且命令一個牧羊人將孩子帶去丟掉。

但是牧羊人透過他的牧羊人同伴，將孩子交給科林斯王波呂波斯和他的妻子梅洛佩養育。夫妻倆將這個雙腳因為釘子造成的傷口而腫脹的孩子取名為伊底帕斯（腫起來的腳），細心地養育他。

伊底帕斯順利地長大成人，卻在某一天接獲了「你會殺害父親，與母親結婚」的神諭。為了避免這件事成真，伊底帕斯離家展開了旅程。旅途中，他和一個男人起了衝

於是伊底帕斯離開科林斯，途中即使發生了在三叉路口與人起衝突，因而殺害一個大叔的事件
你讓開
我拒絕
最後他還是抵達了底比斯
然而
有個會吃人的怪物叫斯芬克斯，聽說打敗她的人就能成為底比斯王
好
我來！
你就是斯芬克斯嗎？
會發出1種聲音，早上4隻腳，中午2隻腳，晚上3隻腳，你說說這是什麼呢？
猜謎嗎？
答、答案是人類！嬰兒時用爬的是4隻腳！
成人用2隻腳走，老了之後撐拐杖所以變成3隻腳！
唔唔…答對了～
墜下
…贏…我贏了嗎…
斯芬克斯自己跳下懸崖
伊底帕斯成為底比斯之王，和王妃結婚
然而…為什麼底比斯的王位是空著的呢？先前的神諭又是怎麼回事？下回分曉!!

突，最後殺了對方。

斯芬克斯的謎題

在那之後繼續旅行的伊底帕斯來到底比斯附近的山區，碰到了一個有著女性臉孔、獅子身軀、老鷹翅膀的怪物斯芬克斯。

這個怪物會對路過的人提出「會發出1種聲音，早上用4隻腳，中午用2隻腳，晚上用3隻腳走路，這是什麼呢？」這樣的謎題，如果答不出來的話，就會被她吃掉，因此人們都相當畏懼她。

但是，伊底帕斯答出了「就是人類。人類幼年時期用雙手雙腳跪地爬行，青年時期用2隻腳走路，老了以後撐著枴杖走就像是3隻腳」這個正確答案。結果，斯芬克斯就跳下懸崖，墜地而死。

伊底帕斯的悲劇

但是在他登上王位後，農產歉收
跟傳染病頻發，死者接連不斷地出現
煩惱不已的伊底帕斯派遣部下前往德爾菲
請求神諭的指引
神諭指示，找到殺害先王萊歐斯的犯人，並且流放他就能讓情況好轉！
好！無論如何都要找到
←成為國王的伊底帕斯
伊底帕斯找來德爾菲的預言者忒瑞西阿斯
你的預言之眼能看到是誰動手的嗎？
ん〜

雖然伊底帕斯想當個名君，大展所長

● 成為國王後得知了自己的身世

擊潰讓底比斯人聞風喪膽的怪物斯芬克斯後，伊底帕斯被推選為國王。

接著他娶了底比斯王妃、先王遺孀柔卡絲塔為妻，生下艾特歐克里斯、波呂涅克斯這兩個兒子以及安提戈涅、伊斯墨涅這兩個女兒。

然而，在伊底帕斯登上王位之後，底比斯的農產歉收和傳染病等狀況就沒有停止過。請求神諭後，神明指示「這是前任國王萊歐斯遇害造成的窒礙，只要找出犯人並且流放他，就能恢復平靜」。

於是伊底帕斯立刻對萊歐斯王的命案展開調查。接下來，他也因此得知過去在旅途中殺掉的那個男人正是萊歐斯，而且這個人就是自

國王，就是您啊
啊？你在說什麼傻話！
柔卡絲塔
對啊，怎麼可能，先王萊歐斯
應該是在山上的三叉路口被殺害的
三叉路口…三叉路口!?
欸
你讓開
我拒絕
這麼一說，以前我好像曾在三叉路口跟人起了爭執，殺了一個大叔…
該不會是那時候的…
之後，預言者陸續出現
當年的牧羊人
你是先王的孩子啊
真相揭曉，伊底帕斯正是殺害萊歐斯的犯人，他是萊歐斯之子，現在還娶了自己的母親
因為太過震驚，柔卡絲塔因此輕生
真是慘劇…
伊底帕斯也選擇戳瞎自己的雙眼

己的親生父親。除此之外，伊底帕斯也驚覺自己甚至娶了親生母親，還和她生兒育女。

● 已經什麼都不想再看見了！

知道真相的柔卡絲塔因此輕生。至於伊底帕斯也因為深陷絕望，選擇戳瞎自己的雙眼。後來他放棄王位，和女兒一同踏上流浪的旅程。

伊底帕斯和女兒流轉諸國，最後來到了雅典。據說，伊底帕斯在這裡獲得成為國王的忒修斯庇護，才終於找到了安息之地。

不過，世間也留下了即便在知道自己弒父娶母之後，他依然繼續擔任底比斯之王的逸聞。

卡利敦野豬狩獵

卡利敦王妃阿爾薩伊在產下兒子之前，做了一個不可思議的夢
伯父/伯父2 丈夫
這個孩子會成為英雄……只要薪柴沒有燃盡，他就會平安無事
再加把勁!!
阿爾薩伊生產完，就將薪柴收進箱子裡
這樣的話，這孩子就一生安泰了……
太好了
這個孩子被命名為梅列阿格
成長為一個強健剛毅的青年
有一天，卡利敦出現了巨大的野豬，四處破壞農作物
可惡
難道我就只能在這邊乾瞪眼嗎？

即使成功 也要面對家族抗爭

●擊敗巨大的野豬吧！

梅列阿格是卡利敦之王奧伊奈烏斯與王妃阿爾薩伊所生的孩子。在他誕生之際，接獲了「若是薪柴沒有燃盡，他就不會死去」的預言，因此其母阿爾薩伊慎重地將薪柴收進箱子裡保存。

日後成長為一名傑出戰士的梅列阿格，也參加了阿爾戈探險隊的遠征。在他結束冒險歸國的一段時間後，發生了其父奧伊奈烏斯忘了向狩獵女神阿提米絲獻上祭品的事件。

憤怒的阿提米絲為了降下懲罰，派了一隻巨大的野豬去卡利敦四處作亂。這隻野豬襲擊居民跟家畜，帶來巨大的損害，於是奧伊奈烏斯向全希臘發出了求賢令。在伊

我來助陣了！
！
我是亞特蘭妲
是一個非常貌美的女獵人
兩個人同心協力，打敗了野豬
看我的！！
ブヒー
兩人萌生情愫只是時間的問題
然而
我反對你跟亞特蘭妲結婚！
我也反對
伯父們怎麼這樣！
我要殺了你們！
梅列阿格竟然殺了兩位伯父
失去兄弟的阿爾薩伊相當憤怒，她取出收在箱子裡的薪柴，全扔進火裡
啊啊！
可惡！
當薪柴燒光之後，梅列阿格也喪命了
孩子啊！
自責的阿爾薩伊也選擇輕生

阿宋、忒修斯等知名英雄當中，還出現了一個女性狩獵名家亞特蘭妲。

薪柴燃盡時，就是殞命之際

周遭的人都認為讓女性加入狩獵野豬的團隊是個很不吉利的選擇，因此都表示反對，唯有對亞特蘭妲抱持男女之情的梅列阿格力排眾議，強硬地讓她入夥。最後，兩人齊心協力，成功打敗這頭巨大的野豬。

但是，以亞特蘭妲為導火線所引發的一場紛爭，竟讓梅列阿格出手殺了自己的兩位伯父。

得知兄弟竟然命喪於自己的孩子之手，盛怒的阿爾薩伊因而把收藏起來的薪柴取出，全部丟進火裡。據說梅列阿格立即感受到燒灼的痛楚，最後因此死去。

伊卡洛斯之翼

代達羅斯是打造出關押米諾陶洛斯的迷宮的知名工匠
呀—!!
看招—
兒子啊…
代達羅斯
米諾斯王
父親…
伊卡洛斯
米諾陶洛斯被忒修斯擊敗後，米諾斯王大為光火，把代達羅斯跟伊卡洛斯父子倆都關進一座高塔裡
看來我們會死在這裡了…抱歉呀兒子
咕咕—
要逃出這裡根本不可能吧
有鴿子飛來了
咕咕
嗯啊，如果能在天上飛，那該有多好…
嗯？
對了！用羽毛！我要收集羽毛來做一對翅膀!!
欸，爸爸？

太過傲慢是不會有好事的

打造迷宮的代達羅斯

伊卡洛斯是名工匠代達羅斯的兒子。代達羅斯為克里特島的米諾斯王工作，發明出千奇百怪的東西，在這些創作之中，也包含了那座用來監禁怪物米諾陶洛斯的迷宮。

但是，這座迷宮卻被英雄忒修斯給破解了。這件事讓米諾斯王相當生氣，把代達羅斯和伊卡洛斯都幽禁在一座高塔裡面。

即使如此，代達羅斯還是很沉得住氣。他用蠟固定鳥類的羽毛，製作出一對翅膀，和兒子各自穿上後，打算從空中逃離這座塔。這時，代達羅斯囑咐伊卡洛斯，告訴他：「蠟會因為濕氣潰散，所以不要太接近海平面。但是高溫也會讓

蠟融化，所以也不能太靠近太陽。」

●雖然獲得自由了…

然而，因為能在天空中自由自在地飛翔，太過亢奮的伊卡洛斯，竟然心懷就這樣飛下去，看看能不能飛到太陽那邊的念頭。接著，他就持續朝著太陽飛去。

結果，太陽的熱度融化了蠟，讓羽毛因此散落，伊卡洛斯就這樣直接墜入海中，不幸喪生了。

這段神話作為提醒人不要對自己的技術過於自信的警世故事，對後世造成了相當深遠的影響。

地中海有一處名為伊卡利亞海的區域，相傳這裡就是當時伊卡洛斯墜落之處，因而得名。

以希臘神話為題材的文學與音樂作品

希臘神話被羅馬帝國給繼承，而羅馬帝國日後又支配了大範圍的歐洲領土。這樣的結果，也讓希臘神話成為歐洲文化的基礎，讓後世出現許多以希臘神話為題材的文學、音樂等類型眾多的創作。

舉例來說，13世紀到14世紀的義大利詩人但丁的代表作，也就是長篇敘事詩『神曲』中，就出現了在希臘神話裡流經冥府的悲嘆之河，也有獨眼巨人和百臂巨人等希臘神話的怪物登場。

而悲嘆之河，在16世紀的英國劇作家莎士比亞的『泰特斯·安特洛尼克斯』和17世紀英國詩人米爾頓的敘事詩『失樂園』裡也有被提及。

莎士比亞也寫過以希臘神話中的特洛伊戰爭為題材、名叫『特洛伊羅斯與克瑞西達』的戲曲。這部作品是以特洛伊戰爭的後期為舞台，阿加曼農跟阿基里斯也作為主要人物登場。17世紀的法國劇作家拉辛同樣也選了特洛伊戰爭當主題，寫下『安德羅馬克』，另外他也創作了『費德爾』這部有雅典之王等人物登場的作品。

20世紀，法國詩人兼劇作家考克多發表了『安蒂岡妮』、『奧菲斯』、『伊底帕斯王』等多部取材自希臘神話的創作。愛爾蘭作家喬伊斯也著有將奧德修斯傳說的故事背景置換成現代的大長篇小說『尤利西斯』，本作品也被認為是代表20世紀的文學作品之一。

西洋古典音樂也受到希臘神話的影響。英語中代表音樂的「music」這個詞彙，原本就是源自希臘神話中的女神繆思。

18世紀，音樂家莫札特以希臘神話的英雄艾尼亞斯之子為主題，創作了『阿爾巴的阿斯卡尼奧』，另外還有以特洛伊戰爭後的克里特島為舞台的『伊多梅尼歐』等歌劇作品。

活動期從19世紀跨至20世紀的德國作曲家史特勞斯的『厄勒克特拉』、『埃及的海倫』、『阿里阿德涅在納克索斯島』、『達芙妮』等作，也都是取自希臘神話的歌劇。

另外，18世紀的德國作曲家格魯克也用奧菲斯進入冥府的神話為題材，創作了『奧菲歐與尤麗狄茜』。至於19世紀的法國作曲家奧芬巴

以希臘神話為題材的藝術家們

・但丁

・莎士比亞

・拉辛

・莫札特

・格魯克

・奧芬巴哈

哈也戲仿了格魯克的這部作品，創作了『地獄的奧菲歐』。

不僅是文學或音樂，進入20世紀後，希臘神話又在電影、漫畫、遊戲等領域持續地被選用為題材。

特別是日本，在1980年到1990年代這段期間，由車田正美所繪製、以希臘神話為概念發想的漫畫『聖鬥士星矢』和巧克力零食「聖魔大戰」的附贈貼紙，也掀起一陣神話風潮。

神話的故事以及身處其中的諸神，也因此打入了更廣泛的世代。

大戰的開端是女性的「美貌」

特洛伊戰爭的契機

事情是從人類佩琉斯與海之女神忒提斯的婚宴開始的
當天諸神齊聚一堂，不過只有不和女神厄莉絲沒有被邀請參加
混帳!! 我要把這場宴會搞得天翻地覆!!
不和女神厄莉絲→
厄莉絲將一個黃金蘋果扔進會場
給最美麗的女神
咦
一場爭奪戰隨即爆發!!
ドタバタ
我的蘋果
ドタバタ
是我的!!
競爭到最後的3位女神，誰也不輕易退讓

由特洛伊的王子選出最美的人…

●圍繞著蘋果的騷動

有一天，奧林帕斯舉辦了一場由人類英雄佩琉斯迎娶泰坦神族之女忒提斯的婚宴。但是，不和女神厄莉絲因為沒有受邀而深感不滿，便將上頭刻著「給最美麗的女神」字樣的黃金蘋果扔進宴席之中。

對自己的美貌相當有自信的赫拉、雅典娜、阿芙蘿黛蒂等3位女神，都主張這個蘋果是屬於自己的，展開了激烈的較勁。因為這場競爭不知道要吵到何時，於是宙斯便將蘋果的歸屬權，交給特洛伊的王子帕里斯來判斷。

面對苦惱中的帕里斯，赫拉答應要賜予財富與權力，雅典娜會賦予能打贏所有戰事的力量，至於阿芙蘿黛蒂則是承諾要讓他跟世界最

嗯嗯…這下麻煩啦，
不管選誰都會得罪人呢…
於是，宙斯將決定哪位女神才是最美的任務，交給特洛伊的王子帕里斯
就是這樣，交給你了
為、為什麼是我啊!?
選我的話，就給你財富跟權力
嗯哼～
如果選我
就賜予你絕對不會輸的武運跟名聲
我說呀…你想不想跟絕世美女共度一生呢？
ドキドキ
欸嘿嘿嘿嘿
可惡!!你這個好色的傢伙!
!
這時大家還不知道，這個選擇將會成為日後大戰的引爆點…

美麗的女性在一起，藉此讓帕里斯把蘋果判給自己。

到了最後，帕里斯選擇了阿芙蘿黛蒂。而斯巴達王墨涅拉俄斯的妻子海倫，也成為屬於他的女人。

被搶走妻子的斯巴達王

墨涅拉俄斯當然對妻子被奪走這件事忍無可忍，於是他和英雄奧德修斯一同造訪特洛伊，要求他們歸還海倫，但是卻被帕里斯一口拒絕。

邁錫尼之王，同時也是墨涅拉俄斯兄長的阿加曼農知道此事後相當憤怒。

於是，阿加曼農、墨涅拉俄斯、奧德修斯等勢力便組織了遠征軍，朝著特洛伊進攻。特洛伊戰爭，就此爆發了。

加油吧！阿基里斯

佩琉斯和海之女神忒提斯的兒子阿基里斯，也在特洛伊戰爭中大大活躍
阿基里斯的好友 帕特羅克洛斯
半神的英雄 腳跟是弱點
即便如此，戰事還是陷入了膠著狀態
戰爭進入第10年後，有一天，希臘陣營爆發傳染病，有許多人因此死去
這是阿波羅大人的手段，請您把祂祭司的女兒送回去吧
預言者 卡爾卡斯
什麼？我才不幹！
阿加曼農
混帳！沒辦法了，你們也把俘虜都交出來！
啊？
開什麼玩笑，我不打了！
喂～
需要這麼生氣嗎？
阿基里斯氣到離開戰場

不死之身，卻被射中要害而殞落

腳跟成為弱點的理由

阿加曼農率領的希臘聯軍，與位於現今土耳其西北部的特洛伊展開了戰爭。而這場特洛伊戰爭，是希臘神話中的一大高潮階段。

赫拉、雅典娜、波賽頓等神明在這場戰事中站在希臘陣營這邊，而阿波羅、阿提米絲、阿瑞斯、阿芙蘿黛蒂則是站在特洛伊陣營那一邊。就連諸神也分成兩股勢力，展開激烈的對抗。

特洛伊戰爭中，希臘陣營有一位大大活躍的戰士，就是英雄阿基里斯。他是成為這場戰爭開端的佩琉斯和女神忒提斯所生的孩子，在嬰兒時期，他就因為浸泡過冥府斯堤克斯河的河水，獲得了不死的肉體。

特洛伊陣營士氣正旺
赫克托爾
阿基里斯不在啦!!
情急之下，阿基里斯的摯友帕特羅克洛斯
只好假扮他出戰
好！我就來裝扮成那傢伙，提振大家的士氣吧！
然而
噗滋
他敗給赫克托爾
聽到摯友的死訊，阿基里斯憤怒至極
喔喔喔!!
帕特羅克洛斯…我絕對會幫你報仇的！
回歸戰場
擊敗了赫克托爾
幫朋友報仇了
然而，幾天之後，阿基里斯就因為要害所在的腳跟被人射中而殞命
因為兩軍都少了關鍵要員，戰事也因此繼續延續下去…

可是，因為當時母親忒提斯幫阿基里斯浸泡河水時是抓著腳跟，所以唯有這個地方沒有泡到水。

突然的脫離戰線，導致摯友死去

雖然阿基里斯在戰場上極為活躍，但是就在某一天，自軍的領導者阿加曼農奪走了他的戰利品，也是他的愛人布里塞伊斯。忍無可忍的阿基里斯，竟即刻退出戰事。

因為阿基里斯撤離，希臘軍的情勢變得相當不利。阿基里斯的摯友帕特羅克洛斯為了鼓舞士氣，便穿著阿基里斯的鎧甲上陣，結果卻因此陣亡。

後悔莫及的阿基里斯，又重新回到戰場第一線，並且擊敗了特洛伊最強的戰士赫克托爾。只不過，他後來也因為腳跟這個要害中箭的關係，戰死在沙場上。

木馬的秘密作戰

希臘軍一直無法攻破特洛伊的城牆
戰事進入混亂的膠著狀態
就在這個時候，希臘陣營的智將奧德修斯
提出了一個驚人的計策
打造一具巨大的木馬，然後擺到特洛伊的城門前
接著我們放火燒了軍營，然後往海上撤退，之後就……
一段時間後，在特洛伊的城門前
這、這是什麼啊!?
應該是逃跑的希臘軍留下的東西吧？

奧德修斯的作戰大成功

巨大的木馬是戰利品!?

特洛伊戰爭持續了10年之久，在這段期間，阿奇里斯、赫克托爾，兩軍之中的許多英雄都接連戰死沙場。

因為戰事陷入了膠著局面，希臘聯軍的英雄奧德修斯便提出了一個作戰計畫。那就是打造一具巨大的木馬，然後讓士兵躲在內部，再藉由特洛伊人之手，把他們給運進城內。

某天早上，特洛伊人發現希臘軍竟然從戰場上消失了，只留下一具巨大的木馬在原處。

特洛伊人認為希臘人終於放棄攻佔特洛伊了，因此就把這具木馬視為戰利品，拖進了特洛伊城。

就在這個時候，擁有預言能力

喔喔喔喔!!
戰利品!!
就在某個夜裡
從木馬內部冒出了躲藏的希臘士兵
出動囉
士兵立刻打開城門
往這邊！敵人都還在睡呢！
特洛伊的男子都被殺了，女子跟財寶也都被奪走
呀～
歷經10年之久的戰爭，就這樣迎接了最後一幕
但是，希臘軍的暴行惹怒了眾神，那些有名的指揮官們也紛紛迎接悲劇的末路

的特洛伊公主卡珊德拉和神官勞孔，都識破這具木馬是敵人設下的陷阱。

走出木馬大鬧一場

但特洛伊的運氣實在太糟了。因為卡珊德拉身負阿波羅降下的「無論是誰都不會相信你的預言」詛咒、站在希臘陣營這邊的神明又派出海蛇捲走了勞孔，於是木馬還是被特洛伊人送入城內。

到了晚上，奧德修斯和士兵們從木馬內部冒了出來，以火炬向假裝撤退的盟友打暗號，將他們引入城內，接著開始大舉廝殺。

完完全全喪失戒心的特洛伊陣營毫無抵抗之力，輸得一敗塗地。就這樣，持續多年的漫長特洛伊戰爭，最終以希臘聯軍的勝利畫下了句點。

神話的秘密⑤

特洛伊戰爭是什麼呢？

起初特洛伊戰爭的開端，原本是宙斯為了減少成長過快的人類而決定發動的戰爭。

後來，以女神們爭「黃金的蘋果（不和的蘋果）」為契機，希臘聯軍和小亞細亞城邦特洛伊之間的戰爭，就此爆發。這場戰事甚至讓諸神也分裂成兩派，赫拉、雅典娜、波賽頓支持希臘，而阿波羅、阿提米絲、阿瑞斯、阿芙蘿黛蒂則是站在特洛伊那一方。

以邁錫尼之王阿加曼農為總帥的希臘聯軍，率領多達1168艘的艦隊與10萬人大軍，橫渡大海朝著特洛伊進攻。

當希臘聯軍在特洛伊近郊的海濱登陸後，英雄阿基里斯立刻擊敗於現場備戰的特洛伊軍隊，讓希臘軍得以在海邊紮營。

另一方面，特洛伊陣營則是仰賴固若金湯的城牆，守城以待。

就像這樣，兩軍以流經海邊與城市之間的斯卡曼德河為界，展開對峙。在那之後，戰局處於你來我往、一進一退的狀態，以阿基里斯和特洛伊猛將赫克托爾為首的兩軍戰士，也在這長達10年的戰爭期間陸續殞落。

但是，希臘陣營的智將奧德修斯提出了打造巨大木馬，並且將士兵藏在內部的作戰計畫。因為中了這個計謀，特洛伊就在一夜之間陷落了，戰爭的終局，就以希臘軍的勝利宣告結束。

然而，獲勝的希臘軍指揮官們，之後也陸續步上悲慘的命運。

阿加曼農在歸國之後，就被妻子和妻子的愛人設計暗殺。奧德修斯直到返回故鄉之前，足足在各國之間輾轉流浪了10年之久。其他還有斯巴達王墨涅拉俄斯因為暴風雨漂流至埃及，之後也是歷經8年才得以返國。

總而言之，這場漫長的特洛伊戰爭，也為希臘神話做了收尾。從此以後，希臘諸神就從世界的舞台退場，人類主導的歷史也就此展開了。

也有一種觀點認為，特洛伊戰爭是一場在悠久的神話故事中創作出來的架空戰事，而特洛伊這個城邦也是屬於一個傳說中的國家。

然而，在1873年，德國考古學家海因里希・施里曼在現今的土耳其北部發現了一個很

被認為是特洛伊（Īlios）的遺跡

流傳有特洛伊傳說的，是被稱為「Īlios」的古代城市遺跡。原本這個地方被認為是不存在的架空之地，但是德國考古學家施里曼在挖掘土耳其北部的遺跡之後，才因此確定它的存在。只不過，在考古學上還是沒有明確的證據。

©mayatomo2009

像是特洛伊的遺跡。我們可以從這個發現來判斷，這則神話故事某種程度上是立基於歷史事實的。

特洛伊遺跡共有9層，施里曼則推測從下方數起第2層、有火災痕跡的部分，可能就是特洛伊戰爭時代的遺跡。

只不過，隨著調查推進，從下方數起第7層的遺跡開始，出現了被認為是火勢擴及都市全體的痕跡，還發現了頭部和身體分離的人骨，據判斷應該是因為戰爭而受到破壞的結果。

人們認為遺跡的第7層是紀元前1200年左右的產物。也就是說，大概在這個時候，特洛伊城邦發生了大規模的戰爭，而特洛伊戰爭的神話，很可能就是從這段歷史事實發展而來的。

奧德修斯的流浪旅程①

構想出木馬作戰計畫、
為希臘軍帶來勝利的英雄
奧德修斯
卻在返鄉的路上
遭遇重重阻礙
起初因為暴風雨漂流到
利比亞，為吃了以後會困在
夢中世界的
落拓棗樹果實所苦
振作一點
うっふん
落拓棗樹果實
下一個島又被獨眼巨人
波利菲莫斯囚禁在山洞裡
ギャ
ポリポリ
波利菲莫斯
一次吃掉
他兩名部下
奧德修斯趁著
波利菲莫斯喝醉之後…
看招
刺入
唉呀
但波利菲莫斯的父親
正是波賽頓
竟然把
我孩子的眼睛給…
旅程越來越艱辛了…

因為暴風雨漂流到非洲的顛沛流離之旅

●船朝著利比亞而去…

在特洛伊戰爭為希臘陣營帶來勝利的英雄奧德修斯，返回故鄉的歸途卻是充滿著各種苦難。他的這段故事，總結在『奧德賽』這部古希臘長篇敘事詩裡面。

奧德修斯的故鄉伊薩基位於特洛伊的北方。然而，他搭的船卻被捲入強烈的暴風雨之中，一路漂流到南方的利比亞。從這裡開始，才是奧德修斯漫長艱辛之旅的起點。

在利比亞，他的部下誤食會將食用者困在夢中世界的落拓棗樹果實，因此他得強行把大家拖上船，盡快遠離此地。

因為波賽頓引起的風暴，又漂流到伊奧利亞島
↑風神
艾奧羅斯
提供協助
在巨人拉斯忒呂戈涅斯的島上失去許多部下
拉斯忒呂戈涅斯人很愛吃人→
呀—
貫穿
艾尤島的魔女喀耳刻把部下變成動物
魔女喀耳刻
奧德修斯救出部下，但是和喀耳刻成為戀愛關係，滯留在此1年
之後在冥府尋求預言者忒瑞西阿斯的建議
忒瑞西阿斯
被賽蓮和斯庫拉等怪物襲擊
賽蓮
斯庫拉
卡律布狄斯
←繼續

遭受波賽頓的妨礙

後來漂流到獨眼巨人居住的島嶼，一行人又被巨人關在山洞中，部下也接連進到巨人的肚子裡。奧德修斯讓巨人喝下酒醉倒，趁他熟睡時，戳瞎他的眼睛後伺機逃走。

然而，這個巨人可是海神波賽頓的兒子，因此奧德修斯此舉等於點燃了波賽頓的怒火。

從今以後，波賽頓造成的諸多妨礙，也讓奧德修斯的返鄉之路越來越艱難。

接下來，食人巨人拉斯忒呂戈涅斯的島、魔女喀耳刻的島、怪物賽蓮和斯庫拉棲息的海域等等，都是奧德修斯流浪所經之地。

奧德賽的流浪旅程②

疲憊的一行人來到翠納基野島，吃了海利歐斯飼養的牛
海利歐斯
讓祂發怒了
モグモグ
海利歐斯向宙斯告狀，宙斯破壞船隻，部下也都死了
好累
奧德修斯在海上划了9天
接著漂流到海之女神卡呂普索的島嶼
奧德修斯便與愛上自己的卡呂普索一起生活
但是他依然思念著故鄉，再次出航。但波賽頓又再次妨礙他
又來了─！
斯克里亞島的公主瑙西卡出手相助…
從特洛伊啟程的10年後
うおおおおおおおおおお
終於抵達了故鄉伊薩基！

奧德修斯的苦難之旅，還在繼續著。

他們在義大利南岸的翠納基野島，吃了太陽神海利歐斯飼養的牛，又引來神明的不滿。因為海利歐斯告了一狀，宙斯便讓他們的船遇難沉沒，部下也全數罹難。

奧德修斯孤身一人，漂流到女神卡呂普索居住的島嶼，在那裡和祂度過了7年時光。

之後，奧德修斯又從這裡啟程，朝著故鄉航行，但海神波賽頓依然沒有放過他，又再次讓他的船沉了。

●睽違10年歸國之後…

海潮將奧德修斯打到斯克里亞島的濱海地帶，他也在此地與公主瑙西卡相遇。上面的漫畫有所省略，在瑙西卡的幫助之下，奧德修斯獲得了新的船隻，終於能繼續他

和兒子睽違20年的再會
兒子鐵拉馬庫斯
孩子啊……
父親！還好你平安無事！
父親，大事不好了。現在想成為母親夫婿的男人把局勢搞得很亂呢
什麼!?
幾天後，決定妻子新伴侶的射箭大會就要召開
王妃潘妮洛碧
如果能拉動先王的弓
我就嫁給他
這、這弓怎麼回事
嗚嗚嗚
有個老人登場，輕輕鬆鬆地拉開了弓。
嗯～嘿呀
議論議論
議論
議論
這老頭怎麼回事啊！
……是我！我的名字是奧德修斯！
扯開
擾亂國政的男人都去死吧！
老公！
奧德修斯終於重登王座

的返鄉旅程。

等他踏上國土，已經是從特洛伊出發後的10年後了。這趟返鄉之旅都比特洛伊戰爭的時間還要更長了。

但是故鄉的人們，每個都以為奧德修斯已經死了。他的妻子潘妮洛碧身邊也聚集了一堆男人，覬覦著這塊屬於奧德修斯的領地，懷抱各種盤算。

不過，一拉開自己的那把強弓，立刻就驗明了奧德修斯的正身。

起初潘妮洛碧仍對於眼前這個人是真是假還抱持著疑慮，但是奧德修斯說出了只有當事人才會知道的內容，才終於確認無誤。相隔多年，夫婦終於團圓了。

艾尼亞斯與他的子孫

阿芙蘿黛蒂之子，也是特洛伊的戰士艾尼亞斯，在特洛伊淪陷的時候，帶著自己的老父親與幼子逃離
安基塞斯
艾尼亞斯
阿斯卡尼俄斯
父親，請再撐一下
我快要不行了
他們搭船出海，來到提洛島
提洛之王阿尼歐斯
老朋友
在此獲得神諭，朝克里特島前進
義大利！
我不行了
在那裡得知真正的目的地是義大利半島
途中，經歷了父親之死等各式各樣的困難
父親過世
父親！
遭遇風暴
父親!!
往冥府
終於到達義大利半島的拉丁姆

於流浪的終點，建立新都羅馬

以祖先之地為目標

艾尼亞斯是擁有特洛伊王家血統的安基塞斯和美神阿芙蘿黛蒂所生的孩子。特洛伊戰爭中，他作為特洛伊陣營的勇士，奮勇戰鬥到最後一刻，在亡國後，他帶著父親和兒子逃出陷落的城市。

失去故鄉的艾尼亞斯，在提洛島獲得了「前往祖先之地」的神諭。首先，第一步是抵達克里特島。到了那裡之後，才知道真正的目標是位於義大利半島。但是在航海途中，父親安基塞斯就因病過世了。

終於抵達義大利半島的艾尼亞斯，在巫女西比拉的引導下，又與亡父安基塞斯在冥府相見。

艾尼亞斯在此和公主拉維尼亞締結婚約
然而，阿爾代亞的圖努斯原本就和拉維尼亞有婚約關係，因此相當憤怒
不能原諒!!
拉丁姆跟阿爾代亞的戰爭爆發了
最後由艾尼亞斯和圖努斯展開決鬥
看招
艾尼亞斯獲得勝利
艾尼亞斯和拉維尼亞結婚了。日後建立羅馬的雙胞胎羅穆盧斯與瑞摩斯，就是他們的後裔。
母狼餵養雙胞胎的雕像
艾尼亞斯死後
在阿芙蘿黛蒂的促成下，成為羅馬建國之祖

拉丁姆→羅馬

安基塞斯告訴兒子：「你的子孫會成為此地的英雄。」相信亡父忠告的艾尼亞斯繼續往義大利半島的北部走，最後來到一片新的土地拉丁姆。

他也在此地和當地國王拉提努斯的女兒拉維尼亞締結婚約。而艾尼亞斯也與拉提努斯原本的未婚夫圖努斯開戰，在最終的單挑中勝出，周圍的敵軍也全都被掃蕩。

後來，艾尼亞斯也在拉丁姆這塊土地上建立了新都市拉維寧姆。

在那之後，艾尼亞斯的子孫羅穆盧斯，就在拉維寧姆附近建設了羅馬這座都市。

伊菲革涅亞的悲劇

希臘聯軍準備朝特洛伊出航之際，因為沒有風而暫停行動
這都第幾次啦！
卡爾卡斯！你快占卜一下為什麼沒有吹風
嗯嗯
阿加曼農大人之前在森林獵過鹿吧？
耶～
對啊，很棒的鹿
那座森林或許是神的聖域，那頭鹿應該就是阿提米絲大人的聖獸
如果要平息神明的怒火，就要獻上阿加曼農大人的女兒
什麼!?伊菲革涅亞？

為了國家而死於父親之手的公主

●將女兒騙出來的父親

伊菲革涅亞是邁錫尼之王阿加曼農與斯巴達公主克呂泰涅斯特拉所生的女兒，也就是邁錫尼的公主。

特洛伊戰爭爆發前夕，希臘陣營的總帥阿加曼農在打獵時捕獲一頭鹿，而這頭鹿的主人其實是狩獵女神阿提米絲。

風因為女神的憤怒而停止了，導致預定進攻特洛伊的船隻無法出港。在請示神諭後，得到了「將女兒獻為活祭品」這個答案。

於是，阿加曼農謊稱要把女兒嫁給英雄阿基里斯，將她騙到自己身邊。

懷抱著結婚的幸福想像而來到父親身邊的伊菲革涅亞，這下才知

阿加曼農很苦惱，但還是決定欺騙女兒伊菲革涅亞
和阿基里斯大人結婚♡，好像夢一樣~♡
咦？您騙我的？
欸？我要當祭品？
失落
這都是為了希臘，抱歉
嗚嗚嗚……
看到這一幕的阿提米絲
嗯…好可憐喔
用母鹿換走伊菲革涅亞
奇怪
噗
然後將她帶到阿提米絲的神殿
多年後，阿加曼農之子俄瑞斯忒斯
在遙遠之地和成為巫女的姊姊重逢了

道結婚只是謊言，自己是要被當成祭品，才會被找來的。

被父親欺騙的女兒成為活祭品

和女兒一同前來的母親克呂泰涅斯特拉陷入了半癲狂的狀態，而對阿加曼農的無情感到憤慨的阿基里斯，也替伊菲革涅亞求情。

但是，作為公主，伊菲革涅亞也答應要為了國家成為祭品。

在這之後的發展留下了兩段神話。首先是伊菲革涅亞身穿結婚禮服，登上祭壇慷慨赴義。另一個則是對她感到同情的阿提米絲，在千鈞一髮之際將人救出，然後讓她擔任自己的巫女。

神話的秘密⑥

從希臘到羅馬（後日談）

位處神話高潮階段的特洛伊戰爭，雖然不清楚它基於史實的程度到底有多少，但是根據遺跡的年代調查，認為那應該是紀元前1200年左右的產物。

希臘神話之中，有雅典、底比斯、斯巴達等各式各樣的城邦登場，不過根據歷史，城邦出現的時間點大概是紀元前800年左右。也就是說，那是個比特洛伊戰爭還要更早的時代。

希臘神話是從紀元前15世紀左右經由口耳相傳，一路傳承下來的。將這些藉由文字整合，一般研判是紀元前9～8世紀左右的事了。

被認為是『伊利亞德』和『奧德賽』作者的荷馬，則是紀元前8世紀末的吟遊詩人。

也就是說，神話在紀元前9～8世紀左右文字化之際，居住在城邦的當時人們，或許就將自己所居住的都市整合到神話故事裡頭。

城邦最繁盛的時期，據說有1500個之多。只不過，像雅典或斯巴達這種人口達數萬人的城邦還是極少數，大多都只有數千人的規模而已。

這些城邦締結同盟，一邊戰鬥、一邊發展。古希臘人還會踏上國外的土地，遷移到西西里、義大利南部、法國南部、利比亞等地區居住，在各地建設城邦。

在這個時候，古希臘人就會把自己的文化帶到殖民地，慎重仔細地守護、延續，因而讓希臘神話得以拓展到地中海全區域。

紀元前6世紀左右開始，中東迎接了阿契美尼德王朝的最盛時期，並於紀元前490年進攻希臘。而希臘這邊也組成城邦聯軍，共同抵禦外侮。

這場波希戰爭，以雅典海軍為中心的科林斯同盟在薩拉米斯海戰擊敗波斯軍隊，以希臘的勝利結束了這場戰事。基於這段經過，雅典也被視為城邦的盟主，支配著愛琴海。

不過斯巴達對於這個結果就有很多不滿了，彼此的對立也越來越深。之後，希臘世界就二分為以雅典為中心的提洛同盟，以及以斯巴達為中心的伯羅奔尼撒同盟，雙方爆發了伯羅奔尼撒戰爭和神聖戰爭等多次衝突。

就在希臘像這樣處於混亂局勢的時候，位在希臘邊境的馬其頓王國也蠢蠢欲動了。雖然希

伯羅奔尼撒戰爭（BC431～404）的勢力圖

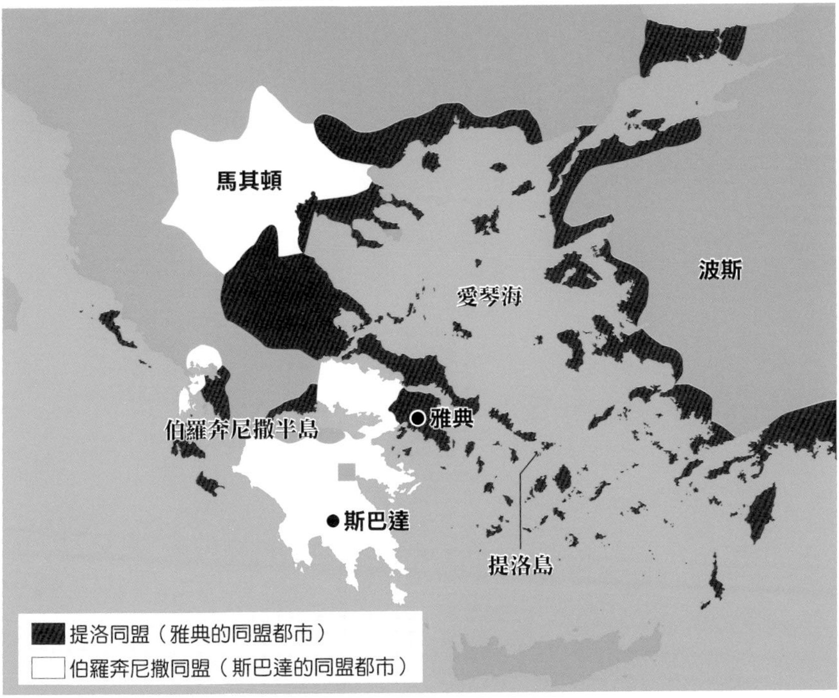
馬其頓
愛琴海
波斯
雅典
伯羅奔尼撒半島
斯巴達
提洛島
提洛同盟（雅典的同盟都市）
伯羅奔尼撒同盟（斯巴達的同盟都市）

臘本土也有將馬其頓視為異民族的情況，但不管是它的語言或文化，都和古希臘的各城邦相互共通。

紀元前4世紀，馬其頓之王腓力二世開始入侵希臘。紀元前338年在喀羅尼亞戰役勝過雅典・德爾菲聯軍後，隔年便將斯巴達以外的所有城邦都納入麾下，成立科林斯同盟。這個過程也代表馬其頓實質性地掌握了希臘的支配權。

腓力二世在紀元前336年被暗殺，但繼承其衣缽的亞歷山大三世（亞歷山大帝）在對斯巴達等反馬其頓勢力進行鎮壓之後，便決定要遠征波斯。

亞歷山大三世的軍隊在各地擊潰波斯軍，佔領了敘利亞、腓尼基等地，後來連埃及都納入支配的版圖之中。

乘著這股氣勢，亞歷山大三世於紀元前331年的「高加米拉戰役」擊敗大流士三世領軍的波斯軍，消滅了波斯帝國。但亞歷山大三世並沒有回歸希臘，而是繼續往東方進軍。佔領中亞的巴克特里亞和粟特後，又直接揮軍朝向印度前進。

雖然亞歷山大三世連戰連勝，但是長期的遠征生活讓士兵們疲憊不已，拒絕再往下出兵，因此只好選擇踏上歸國之路。

然而，亞歷山大三世在歸途中感染熱病，意外在軍旅中駕崩了。

絕對的王者就這麼突然死去，讓版圖廣及歐亞大陸的馬其頓領土在短時間內崩解。各地都出現自詡為亞歷山大三世的繼承者，分裂出多個王國。

在希臘成立了安提哥那王朝，但各城邦紛紛組成埃托利亞同盟或亞該亞同盟來抵抗，這讓希臘再次陷入了混亂狀態。

這裡稍微把時代往回倒一些，在特洛伊戰爭中落敗的艾尼亞斯後來逃到了義大利半島，他的子孫羅穆盧斯日後建立的城邦，就是羅馬。

姑且先不論傳說的真偽，羅馬之後也持續發展，在紀元前3世紀統一了義大利半島。之後，朝向義大利半島外擴展版圖的羅馬，於紀元前200年進攻馬其頓。這時埃托利亞同盟也幫助羅馬和馬其頓一戰。結果馬其頓吃了大敗仗，退出了希臘的土地。

因為馬其頓撤離，使得希臘終於取回獨立自主權，但這時各城邦又立刻將矛頭轉向了羅馬。

埃托利亞同盟在紀元前188年被羅馬擊敗，因此消滅。亞該亞同盟也在紀元前146年被羅馬攻破其中心地科林斯，就此崩解。順帶一提，羅馬於紀元前168年消滅馬其頓，馬其頓因此成為羅馬的從屬地。

紀元前200年左右的希臘

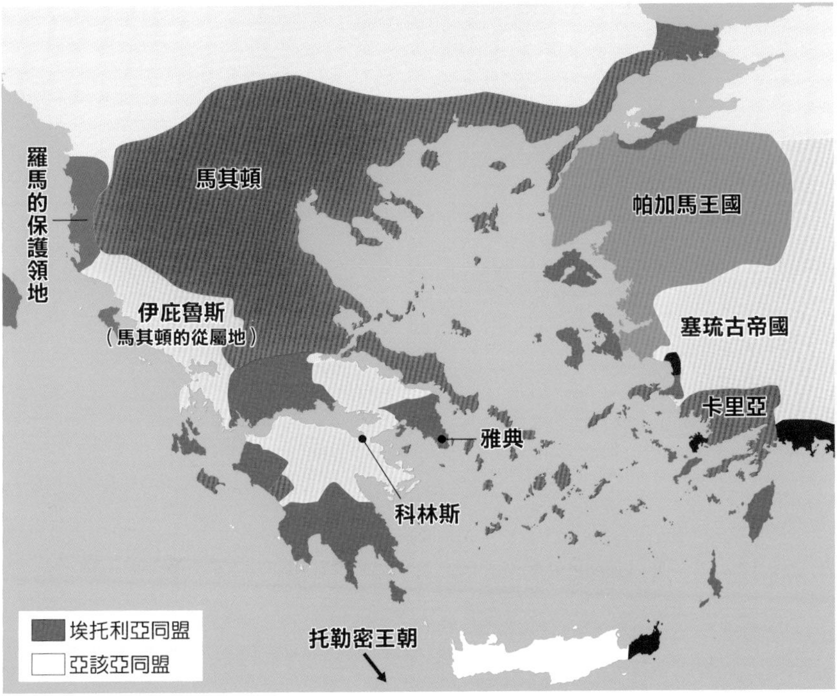
羅馬的保護領地
馬其頓
帕加馬王國
伊庇魯斯
（馬其頓的從屬地）
塞琉古帝國
卡里亞
雅典
科林斯
埃托利亞同盟
亞該亞同盟
托勒密王朝

就這樣，羅馬壓制了整個地中海地區，希臘也成為羅馬的從屬地，成為其中的一體。長久以來，位居歐洲文明中心地帶的希臘，終於迎來落幕的時刻。

不過，羅馬積極地吸收希臘的文化，也繼承了希臘的神話。希臘神話和羅馬自古的神話相互融合，像是宙斯等同於朱彼特、赫拉等同於茱諾、雅典娜等同於密涅瓦，稱謂改變了，但是希臘神話確實轉為羅馬神話，延續了下來。

而且相關的故事也傳遍廣大的羅馬帝國版圖，成為歐洲文明的基礎學養。

監修

佐藤俊之

1966年出生於東京的池袋。於東京造形大學就學期間即展開執筆活動。是以西洋史、神話傳承為主要題材的文字工作者。著有『聖劍傳説』、『亞瑟王』(以上為新紀元社)等作品。譯有『亞瑟與盎格魯撒克遜戰爭』、『拿破崙的輕騎兵』(以上為新紀元社)等作品。監修作品有『認識傳説中的「武器・防具」』(PHP研究所)、『惡魔辭典』(新紀元社)等作品。目前於雜誌『歷史群像』(學研PLUS)長期連載關於西洋軍事史的專欄。

繪師

山里將樹

1982年出生於沖繩。千葉大學畢業。2013年以自由插畫師的身分展開活動。以電視節目的插畫繪製為中心,經手雜誌、網站的插圖繪製,亦於網路媒體進行漫畫連載。書籍部分曾參與『便利商店那些事』(廣濟堂出版)等作品的插圖繪製工作。

TITLE

希臘眾神很有事

STAFF

出版	瑞昇文化事業股份有限公司
監修	佐藤俊之
繪師	山里將樹
譯者	徐承義
總編輯	郭湘齡
文字編輯	張聿雯
美術編輯	許菩真
排版	二次方數位設計　翁慧玲
製版	印研科技有限公司
印刷	桂林彩色印刷股份有限公司
法律顧問	立勤國際法律事務所　黃沛聲律師
戶名	瑞昇文化事業股份有限公司
劃撥帳號	19598343
地址	新北市中和區景平路464巷2弄1-4號
電話	(02)2945-3191
傳真	(02)2945-3190
網址	www.rising-books.com.tw
Mail	deepblue@rising-books.com.tw
初版日期	2022年8月
定價	320元

ORIGINAL JAPANESE EDITION STAFF

企画・編集	造事務所
装丁・デザイン	吉永昌生
文	奈落一騎

國家圖書館出版品預行編目資料

希臘眾神很有事/佐藤俊之監修 ; 山里將樹繪 ; 徐承義譯. -- 初版. -- 新北市 : 瑞昇文化事業股份有限公司, 2021.10
192面 ; 14.8X 21公分
譯自 : マンガでわかるギリシャ神話
ISBN 978-986-401-514-6(平裝)
1.希臘神話

284.95　　110013912